日中の文化交流と共生

張 立波 編著

芦書房

まえがき

あらゆる争いがなくなり、すべての人が平和に暮らせる社会を創造するために、既存の国家、民族、イデオロギーを越えて、アジアに新たな共同体を創設すべきであるとの考えがある。また、共同体の創設によって世界の人びととの相互理解と交流が促進され、市民の豊かな見識が育まれることが期待されている。一方、今般のコロナ大流行が私たちに教えた最大の教訓は、どんなときでも各国間の緊密な協力が必要であるということである。協力関係を深めるには、違いを保ちながら共通点を探す相互理解が前提になる。本書はこのような考えを基調として執筆された。以下、各章の内容を紹介する。

二〇二一年は、小松左京の生誕九〇年、没後一〇年の節目の年であった。中国では、孟慶枢教授が中心となって「小松左京研究ワークショップ」を数回開催し、非常に多くの研究業績をあげている。本書の第一章である日中文学の比較研究では、小松左京を代表とするＳＦ文学の歴史・理論・主題などについて日中比較という視点から論じた。

文学者の作品・記憶を紐解く際に、新たな平和な社会を構築するという理念が求めされることもある。第二章では、村上春樹文学における「モンゴル」のイメージを取り上げ、東西の歴史的葛藤の中で東アジアが遭遇した近代化の様々な不安を考えようとする。「東アジア」の内部からの視点とグローバル化の視野から互いの根本的な違いと距離を把握する必要性とともに、アジアに依然として存在する歴史の傷のため、現在ある衝突がいつでも爆発する可能性があることを踏まえ、どのようにして文学と文化の面から、より効果的でクロスカルチャーな対話と思想建設を展開できるかを考える。

歴史を振り返ることで、真の平和は構築できる。戦争がどれほど人間を傷つけるかを、平和を追求する人々は真剣に考えなければならない。第三章では、ブームを巻き起こした村上春樹文学における戦争の記憶を考究する。一九九四年に出版された村上春樹の長編小説『ねじまき鳥クロニクル』を取り上げ、この作品に関連するモチーフである「歴史」と「暴力」から読み返す。戦争記憶からだけでなく、文学者の筆を通して歴史を見直し、次世代を戦争に巻き込まないためにはどうすべきかを考察することが大切である。

今日は昨日の歴史の続きであり、明日の歴史に繋がる。中国やインドで生まれ、その後、日本に入ってきた民話には日本人の心に合うようにアレンジされたものが多い。日本ですでに広く知られている民話であるだけに、その不合理さに日本人は気がつかない。第四章では、日本の昔話である「花咲爺」と「猿蟹合戦」をテキストにして、中国の同種類の昔話と比較することによって、その共通点と相違点を明らかにし、その相違が生まれた文化的・社会的な要素を指摘する。

中国と日本の間では歴史上頻繁に文化交流が行われてきた。そもそも売官とは洋の東西を問わず各地で見られる現象である。ただし、明清王朝（一四世紀～二〇世紀初め）では、売官は賄賂のように私的なあるいは不正な利を得ようとする行為などではなく、国家の財政問題を解決するために、官僚となるための任官資格や上位ポストへの昇進資格などを販売する国家制度の一つであった。これが明代中期に成立し、清朝に入ってから盛んにおこなわれた「捐納」制度である。第五章では、捐納制度という切り口によって近世中国官僚制度を把握した上で、中国社会の理解に裨益する視座を提示する。

教育は、それが組み込まれている社会の縮図であり、その力学の一部には、その社会の現在の緊張と将来への無限の希望を垣間見ることができる。近年、中日両国間の教育分野における交流はますます盛んになっており、両国の相互理解と共同発展を促進する上で積極的な役割を果たしている。第六章では、著者が、中国の大学におけるオンライン教育の現状と課題を論じる。オンライン教育により中日両国の高等教育において、相互学習とポストコロナ時代の教育を持続的に共同して発展させることが望まれる。

近年日本では隣国である中国や韓国の言葉を指す「隣語」という用語が登場している。日本の言語教育学者の多くは、日本の高校や大学で中国語などの近隣言語を学ぶことを積極的に推奨している。若い世代が「隣語」を学ぶことは、自己を再発見し、近隣諸国との対話を深め、東アジア地域の協調・協働関係の実現につながる。このような背景から、第七章では、外国人学習者にとって最も学習しにくい事項の一つである中国語の離合詞（二音節動詞）にフォーカスし、その教授法や指導法を解明しようと試みた。

国境、言語、民族の垣根を超えて、日本のマンガとアニメ文化が、中国の若い世代から大きな注目を集めている。日本人は柔軟な言語を駆使して様々な文化的現象を表しているが、笑い声を描く表現は文化と特別な形で絡み合っており、異文化理解が伴わなければ了解できないと言われる。第八章では、日本の人気漫画『ＯＮＥ ＰＩＥＣＥ』とその中国語翻訳版から収集した女性キャラクターの笑い声の共通点と相違点を整理し、その特徴を明らかにする。そのことでアジアの言語・文化に関わる日本の語学教育の高度化とさらなる発展に寄与できるであろう。

Chomsky（2013, 2015）以来の生成文法の新発展では、ある統語要素がインタフェースで解釈を受けるには、標識付けが不可欠である。第九章では、中国語の時制主要部のTがレキシコンのレベルで二分される基本構造（つまり、いずれのT主要部もExternal set-Mergeにより派生に導入される）のもとで中国語のTP標識付けに対する最も適切な仕方を検討した。これによって、英語にも中国語にも同様の制限と規則が課されていることを証明しようとする。

中国古代の詩人、蘇軾は「廬山の本当の姿を知らないのは、ただこの身が山中にあるからだ」と言っている。つまり、廬山を知るには、廬山を越えなければならない。そこで、本書では、文化、文学、歴史、教育、言語などの切り口から、アジア諸国の文化を比較し、「相違点」と「共通点」を探っていく。このような比較を通じて、私たちはアジアの文化をより明確に理解することができる。ポストコロナの時代を迎えた今、この新しい理解に基づいて、アジアの比較研究がより深く、より広範な方向へと進んでいくことを切に願っている。

本書は、一般財団法人ユーラシア財団from Asiaの助成を受け実施した取り組みの成果である。同財団に深く感謝したい。

二〇二三年三月

張　立波

もくじ

第1章　SFは中日文化交流の架け橋になる

中日両国には、既に二〇〇〇年以上にも及ぶ文化交流の歴史がある。その交流は、親密で幅広いものであり、世界文化史上においても稀有なものである。古代から一九世紀までの長い年月の間、数え切れないほどの輝かしい歴史が描かれてきた。秦・漢の時代、日本は弥生時代であり、中日交流は陸から海へ、朝鮮半島を経て、渡来人が日本列島で中国文明を広め、先進的な生産道具と労働技術を持ってきた。『史記』によると、秦の始皇帝が「不老不死」を求めるため、方士徐福を派遣し、海の中の「神山」を訪ねようとした。今日まで、中日両国も「徐福」を中日文化交流の先駆者として評価してきた。日本の伊万里港は徐福が日本に初上陸した場所だとされている。和歌山県には徐福の墓がある。佐賀県では五〇年ごとに盛大な「徐福祭り」が行われている。中国は隋と唐の時代に入り、日本は奈良と平安の時代となり、中日の交流はかつてないほど盛んになった。日本は唐王朝に遣唐使を幾度も派遣し、中国の高度な文化とシステムを学び、仏教・文学・美術・音楽・彫刻・建築・技術などを開花させた。同時に、唐王朝を模倣し作り上げた律令制は日本の「大化革新」を生み出した。このような大規模かつ長期的な多領域交流は、世界文明の歴史のなかで華麗な詩編を綴り、数え切れないほどの偉大な人物たちを出現させた。七四二年、日本使節は唐の僧侶鑑真和上に渡日するように勧誘し、日本で仏教を広めようとした。鑑真は盲目でありながら一二年間にわたる数多くの困難を乗り越え、ようやく七五三年に日本に到着した。そして仏教経典を流布し、日本の「律宗」の始祖となった。一〇世紀から近代にかけて、中国は宋・元・明・清の時代を経るなか、日本は平安時代から徳川時代へと辿った。この間、中日両国における民間貿易や文化往来などがさらに盛んになった。二〇〇〇年間の中日交流の歴史は、豊かな文明遺産であり、中日両国および世界の財産である。歴史は根となり、文化は葉となり、中日両国民は一衣帯水の隣国として、海を跨ぐ虹の橋を架けてきた。過去にたとえ幾多の試練を経たとしても、二一世紀の今日において両国はさらに大きな文化交流を果たし善隣友好を深めていくべきである。

1　中国のSF文学の歩み

（1）日本のSFの中国への影響

明治維新以降、様々な分野において日本の中国への影響は圧倒的であり、そのなかでSF文学も重要な一角を占めている。しかし、中日交流において、SF文学があまり注目されていないことも事実である。清朝末期は中国史上の転換期であり、中国の多くの小説は明治時代の日本の新しい小説を参考にしていた。それは中日関係に触れることも多く、当時の中日両国の交流状況を反映したものであった。この時期に「科学小説」と呼ばれたSF小説は、当時の中国国民にとっては新しい文学ジャンルであった。俠人は『小説叢話』（一九〇五）で「西洋小説にはもう一つの特色がある。それは科学小説である。……これは中国の科学不興の責任であり、小説界で勝負するべきではない」と指摘した（于潤琦『清末民初小説書系　科学巻』中国文連出版会社、一九九七年、一三ページ）。中国清朝末期のSF小説は鮮明な時代的特徴を持っており、SF小説の最初のパイオニアたちが現れた。

（2）初期の中国のSF作家たち

翻訳家の徐念慈（別名「東海覚我」）は一九〇四年に日本の初期SF作家・押川春浪の『新舞台』を翻訳した。徐念慈は中国の「SFの父」と称されている。徐念慈の『新法螺先生譚』は中国初のオリジナルSF小説である。この作品は、光緒三一年六月（一九〇五年六月）に発表された。「法螺」は古代仏事用の楽器で、荒唐無稽という意味がある。『新法螺先生譚』は、法螺さんが月や火星、金星を漫遊する奇譚を描いている。その後、徐卓呆の『密室』、毅漢の『発明家』、半底の『亜養化淡』、天臥生の『鳥類の仮装』、謝直君の『科学の隠し術』、梅夢の『水底潜行艇』『月世界』などが相次いで登場した。梁啓超、周桂笙、魯迅、沈雁氷らも多くの海外のSF小説を翻訳した。これらのパイオニアたちの勤勉な努力により、中国の清朝末期から民国初期の文壇で珍しい花が咲いたといえよう。

しかし、中国思想史における梁啓超と魯迅の重要な地位と影響力を考えると、中国のSFを論じるとき、彼らを抜きに説明することはできない。梁啓超と魯迅は、中国で最も初期のSF小説の創作・翻訳・宣伝に積極的な役割を果たした。彼らの共通点はSF小説を一種の啓蒙的な読み物として扱い、人々に科学を信じるように促し、封建制を打倒し、新たな中国文化を創り出そうとしたことである。したがって、中国のSFは最初から「夢を追う文学」であったと言えよう。

梁啓超の『新中国未来記』は、書きかけの作品を日本への逃避行中に船内で日本のSFの影響を受けつつ短期間で書き上げられたものである。科学的要素が少ないが、中国のSF小説の幕開けを告げるものであった。

魯迅は留学中に有名な日本人翻訳家井上勤の作品を読んだ後、フランスのジュール・ヴェルヌの『月世界旅行』を翻訳し、序文を書き加え翻訳書『月世界旅行弁言』とした。魯迅の訳は井上勤の日本訳から重訳したものであり、一九〇三年一〇月に東京進化社により出版されたが、「中国教育普及出版社」と記された。『月世界旅行弁言』は同年の八月から九月まで書かれたが、井上勤の翻訳本は一九〇三年に出版されたものである。当時、魯迅の「翻案」作業によって改編の添削・翻訳を行った。魯迅は原作者がアメリカのチャールズ・ペイルンだと勘違いしていた。魯迅は『月世界旅行弁言』で、「小説の力を借り、読者たちの迷信を打ち破り、思想を一新し、文明を宣伝したい」と述べた。

この視点から考えれば、梁啓超と魯迅の「サイエンスフィクション」についての理解はまだ初歩的であり、彼らの作品理解については当時の時代背景や作家本人の立場も考慮しなければならない。彼らはSFへの視点を異にしていた。梁啓超はSF文学の役割として、社会政治変革より大衆啓発と「ユートピア」宣伝のほうを重要視していた。魯迅は間違いなく、科学知識の浸透と人々が科学的思考を確立できることに焦点を合わせていた。中国のSFの発展を考えてみれば、現代中国SF小説の宗旨は魯迅の視点と親和性が高いといえよう。魯迅は医学を放棄し、国と民衆を救うために重要な武器として文学と芸術を選んだ。彼は最初、海外小説集に注目したが、結局失敗した。その後、彼は植民地で圧迫された弱小民族を描写するような「抵抗作品」を見つけた。そして、彼はもう一つの道を歩み出した。それは「バルカン小説」であった。その後はＳＦに触れなくなった。

中華民国の時代に、謝六逸は中日ＳＦの翻訳や交流において多くの仕事をした。日本が侵略戦争を始めた後、中日の間の通常の交流はすべて停止した。中日外交関係が正常化するまで、中日におけるＳＦはほとんど空白地帯であった。

２　中日ＳＦ文学交流の新時代

(1)　日本のＳＦ作品の中国語への翻訳

一九七二年に中日外交関係が正常化した後、中日文化交流は新たな段階に入った。ＳＦ交流も例外ではなかった。中国改革開放後、小松左京、星新一、安部公房、筒井康夫という四人の著名な日本人ＳＦ作家が最初に中国に紹介された。安部公房は中国ではモダニスト作家と見なされている。日本のＳＦ「御三家」の一人である小松左京は、彼のベストセラー作『日本沈没』が一九七三年に翻訳され、内部資料として中国に紹介された。そして、『日本沈没』のいくつかのバージョンが登場した。そのうちには吉林人民出版社版も含まれている。筆者が読んだのは李徳純翻訳のものだが、その訳本は原作が大幅に削除され、「内部批判用」と記されていた。『日本沈没』の紹介と釈義という点からみれば、小説本来の意図とは大きく異なっていた。それでも、中国国内では小松左京の名があっという間に広まった。特に中国のＳＦ界で広く知られるようになり、大きな影響力を持つに至った。すなわち、劉慈欣、韓松、および若い世代の陳楸帆なども小松左京の影響を受けた。創作スタイルと作品内容からみれば、王晋康との共通点が多いと考えられている。

筆者は日本のＳＦと特に縁がある。中国の改革開放後、筆者が最初に日本のＳＦ作品を翻訳し、中国へ紹介した。最初は『ソ連現代優秀ＳＦ小説選』を翻訳・紹介した。次にソ連ＳＦ作家べリャエフの八つのＳＦ小説主要作品を翻訳して紹介した。一九八〇年代初頭、星新一の短編ＳＦ小説を入手した。その短編は面白く読みやすいし、興味をそそるものであった。潘立本先生と相談後、筆者から小松左京に直接にサポートを願う手紙を送った。当時、中国はベルヌ条約に未だ加入していなかったため、著作権の問題は発生しなかったが、中国では日本で出版された本を手に入れるのが困難であった。幸いなことに、星新一から彼のすべての出版本が国際郵便で送られてきた。これに基づいて、筆者は星新一短篇小説集『あなたの満足を保証致します』を編集した。これは中国で初めて出版された星新一超短編ＳＦ小説セレクションであった。一九八二年に江蘇科学技術出版社より出版されたものである。

二一世紀に入り中日のＳＦ文学における交流は新たな段階に入った。この段階の最大の特徴は、インタラクティブなコミュニケーションと対話であり、過去にない多くの画期的で重要なイベントがあった。

二〇一八年四月、筆者は「第三八回ＳＦ作家クラブ第三八回表彰式」に参加した。そして、中日のＳＦ文学の多面的な文化交流の積極的推進、共同プロジェクトの立ち上げ、ＳＦ文化市場の開拓、交流プラットフォームの確立を提案した。このスピーチは日本のＳＦ文学界から注目を集め、中日ＳＦ作家クラブ会長藤井太洋など多くの作家や学者からの反響を得た。中日ＳＦ交流の確固たる基盤を築いたのである。

(2) 中日SFサミットフォーラム

同年九月、筆者が主催した「インターネットプラス時代　中日SFサミットフォーラム」が長春で開催された。このフォーラムは中日SFの相互交流という新たな局面の形成を促進し、あらゆる分野で注目を集めた。中国国営メディアおよび吉林省の主要メディアがこのフォーラムを報道した。このサミットフォーラムでは、SFの発展の新しい道を模索した。まず、このフォーラムは、先端的な学術研究、重要な論議およびSFの普及などの問題を融合し、SFの研究水準とSFの事業発展を促進した。それと同時に、「中国科学技術普及作家協会」の主催した「SF青年作家イベント(長春駅)」と連動したことは、非常に斬新であった。つぎに、藤井太洋、津原泰水、立原透耶、泊功、茅野裕城子などの日本人作家や学者たちが出席し、論文を寄せた。中国側からは王晋康、呉岩、姚海軍、尹伝紅、于長敏、劉研や王玉英などの作家や学者たちが独特の視点から発言した。SFを中心に中日双方が世界的課題に関心を寄せた。参加者たちは「インターネットプラスSF文化」をテーマに、「インターネットプラス」時代の文学・文化発展の新たな特徴を探り、SFがどのように「人類運命共同体」に貢献できるかを議論した。そして、フォーラムは「大いなるSF文学」と「汎SF文化」を積極的に発展させることを提唱した。また、「純文学」をアニメーション、映画、テレビ、ゲームなどの他の文学芸術形式と融合し、それによってSF文学を学際的な研究対象とするとともに、文化産業へ導入し、SF理論とSF文化の新しい発展的視野を開こうと試みた。さらに、SFを「行かせる」ことで、理論研究から文化産業における実践まで、ソフトとハードを融合させようとした。フォーラムの最後に、日本ＳＦ作家クラブ会長藤井太洋と筆者らが『長春宣言』を発表し、ＳＦ文学は情報化時代における「文学の新しい変化」をめぐる論議に着目すべきであると提唱し、ＳＦは民族伝統文化、神話、民俗学から学ぶべきであると主張するとともに、人工知能と人類繁栄の関連性を全面的に把握することに努めるとした。同時に、若者の想像力をさらに育むことで、若者たちが未来の世界で才能を開花させることを目指すとした。

（３）北京外国語大学日本研究センター主宰フォーラム

二〇一九年一〇月には、北京外国語大学日本研究センターが「新時代の中日ＳＦ文学およびアニメーションの交流と翻訳」というテーマでフォーラムを主催した。このフォーラムでは、王晋康と大塚英志のほか、清華大学、吉林大学、北京師範大学、山東大学、新疆大学、天津芸術職業学院、長春大学などから四〇人以上の研究者が招待され、「中日ＳＦ文学の主題緯度と符号研究」、「ＳＦ小説のアニメ改編の形態と機能」などの問題をめぐって意見を交換した。王晋康と大塚英志の対談は、中日ＳＦ文学・文化の相互理解と融合を促進した。筆者はこのフォーラムの司会者として、これまでの実績を踏まえ、中日文化交流の重要な一環として中日ＳＦ交流が新たな段階に入ったと指摘した。中日双方が協力して未来を創造し、ＳＦをアニメーション、映画、テレビ、ネット文学と統合し、マルチメディアで多様化・多元化する社会変動を表し、ＳＦ創作と文化産業を融合させ、中日文化交流をさらに推進すべきと述べた。

（４）劉慈欣の日本での翻訳出版

劉慈欣はユゴー賞を受賞したアジア最初のＳＦ作家である。彼のＳＦ小説『三体』は二〇一五年に同賞を受賞し、その三年後に日本で翻訳され、大成功を収めた。その年は日本は台風の被害が大きく、残念ながら出版発表会を開くことはできなかった。『三体』の第二巻も続いて出版され、第三巻は二〇二一年五月下旬に早川書房より出版された。劉慈欣の作品や作品研究などを通して日本における彼の影響力も高まった。これはアジアおよび世界における中国のＳＦの国際的な地位の向上を表している。

（５）王晋康らの作品の日本での紹介

また、王晋康のＳＦ小説が日本で翻訳されたことも注目されてよい。王晋康は中国で「ＳＦ四天王」の一人と呼ばれ、その作品の質と影響力は、劉慈欣と比肩され、「中国のＳＦの双璧」と称されている。王晋康の作品は日本で最も有名な純文学誌『三田文学』に発表された。『三田文学』が海外ＳＦ小説の傑作を発表することは大変珍しい。これは日本のＳＦ界が中国のＳＦを世界における優れたＳＦ文学と認めたことを示している。二〇一八年の夏、東京で日本のＳＦ界、評論界によって、社会活動家らも参加した「王晋康作品座談会」が開催された。中国のＳＦ作家の作品についての座談会が多数の豪華メンバーによって開催されることはそれまではなかった。

また、この年に雑誌『アジア文化』が『王晋康ＳＦ小説傑作選』を特集し、東京の中国専門書店東方書店で何度も完売した。陳楸帆、郝景芳、何夕などの優秀な青年ＳＦ作家の作品が日本で公開され、中国のＳＦ作家の名を日本に広めた。京都日本文化研究センター教授大塚英志によると、中国のＳＦ

が日本に爽やかな風を吹き込んだようである。

(6) 二一世紀の中日SF交流

二一紀初頭からの一〇年間に、中日のSF界の人々が頻繁に接触し、交流も以前よりいっそう深化した。これには山本範子(立原透耶)が多くの貢献をした。大塚英志教授も何回も訪中し、SF漫画講座を開催した。さらなる交流を経て、ここ数年、中日共同フォーラムが開催され、中日のSF文化・芸術交流を推進するために大きな役割を果たした。うれしいことに、二〇一九年七月に筆者は「日本現代SF文学研究」と題して助成を獲得した。これは「中国国家社会科学基金プロジェクト」初のSFに関わるものであり、中日のSF文学研究が公的に認められたことを表している。本プロジェクトは科学的な構造を出発点として、日本の現代SF文学作品の持つ特徴と作風を研究し、人類とヒューマノイドの関係、平行世界とタイムトラベル、宇宙オペラから未来世界の危機と闘争、未来の災難と現代社会発展の方式に対する反省、反ユートピア意識から反体制傾向、超現実シンボルによる人間の精神的苦境の表現、日本の文化産業におけるSFの変遷などの方面で、日本のSFのテキストと科学技術、社会現実、歴史的経験の動的な関係と反映構造などを分析しようとするものである。日本現代SF文学研究の体系を簡潔に構築したうえで、研究グループはSFが時代発展と人の内心をどのように扱っているかを解明し、日本のSF発展の歴史を汲み取り、中日両国のSFがさらに発展するように力を入れている。

（７）ポストコロナと中日ＳＦ文学

さらに、二〇二〇年には、新型コロナウィルスが世界各地に広がるなか、各方面から全面的な支持を得て、中日両国ＳＦ界は一丸となり、二〇二〇年九月二六日から二七日までオンラインの形で「ポストコロナ時代における中日ＳＦフォーラム―科学幻想と人類文明の新希望―」を盛大に開催した。現在、中国は新型コロナウィルス撲滅において大きな戦略的成果を収めているが、世界の情勢はまだ予断を許さない。新型コロナウィルスの蔓延は国際社会の変化を加速させている。現代世界はすでにパンデミックにあるが、世界は「エピデミック前の時代」と「エピデミック後の時代」との二つの時代に分けられている。そのようななか、中日のＳＦ界の面々はオンラインフォーラムを開催したのである。その趣旨はＳＦ文学で科学精神を広め、人類の未来への夢を構築するＳＦ文学の実用的な価値を示すことであった。このフォーラムは成功を収めた。中国の改革開放後、筆者はＳＦ研究の先駆者として研究チームを率いてフォーラムの開催に邁進した。研究チームは「国家社会科学基金プロジェクト」の「日本現代ＳＦ文学研究」において質の高い論文成果を上げている。また、研究方法を革新し、理論研究・人材統合・文化産業の統合を目指し、さらに中日ＳＦ翻訳にも注力している。ＳＦ音声ファイル、ＳＦ文化伝播、芸術成果の移転、ＳＦ研究およびＳＦについての授業など多くの事業を行いながら、中日ＳＦサミットフォーラムを毎年開催する予定である。このフォーラムの計画を立てるにあたり、「人民日報海外網」日本マルチメディアセンター主任呂娟氏の支援をいただき、中国科学協会からも協力を得て、中国科学普及作家協会が主催者となり、関連各界の人々の熱烈な支援と積極的な支持をいただいた。そのためもあって、このフォーラムは中日のＳＦ界が力を合わせて盛会となった。フォーラムには、中日両国の四〇人余りのＳＦ作家、評論家、産業界およびメディア関係者が参加した。彼らは中日両国ＳＦ界を代表し、インターネット上に集まり、ＳＦと人類文明の新しい希望に向かい、問題意識を共有した。そして新たな思考を基礎づけるために、災害テーマのＳＦ作品を中心に、ＳＦと純文学のあいだの共通題材についての作品研究、中日のＳＦ発展の将来計画などの議題について、ＳＦの内包性およびポストコロナ時代における価値と役割を改めて考え、人類の衛生健康共同体の構築に力を尽くし、中日ＳＦ文化交流の新たな章を綴った。

このフォーラムでは、筆者が「人類の新たなる文明の夢を築くＳＦ」という題目のスピーチをした。そのなかで、ＳＦ文学は人類と宇宙の関係を反映する文学と芸術の一つの形態でもあり、科学時代に人間が自分自身の本質を再確認するルートでもあり、新時代の「人間学」でもある、と述べた。また、人文精神と科学的合理性の融合がＳＦに原動力を提供していること、新型コロナウィルスをきっかけに、グローバルな文化ネットワークによってＳＦ文学が再発見され、ＳＦ理論研究に新しい視点が与えられただけでなく、世界各国の人々の交流にも新しい道を開いたことにも触れた。ＳＦ文学の特徴は、つねに革新と変化を求めることである。中国のＳＦは、新型コロナウィルスの撲滅に重要な役割を果たし、人間と生命を尊重するような中国文明の哲学を示し、全人類へより良い未来を築く信念を発信したことにも言及した。ポストコロナ時代において人類の新文明を構築するためには人間の想像力が必要であり、ＳＦ文学がこの要件を満たしていると言えよう。基本的に、ＳＦは未来を予想し、人々の考え方の急速な変化を反映し、多くの文学芸術形式を統合している。したがって、ＳＦ文学の核心は「変化」であり、それも時代とともに変化していく文学の特徴や人間の精神的要素を深く反映している。すなわち、生命の意識、革新の意識、矛盾統一の意識、帰還の意識という四つの意識である。社会の発展は、ＳＦの繁栄の根本となる要因である。今日、中国のＳＦは「黄金時代」を迎えたと言えよう。それは中国の政治的・経済的・文化的発展によるものである。中国のＳＦは中華民族の偉大な復興過程について記述している。新時代の中国は最も未来感あふれる国である。中国のＳＦは中国文化を広め、世界中の人々と交流する中国の重要な文化戦略である。ＳＦ文学は人間全体を一つの総体として考え、調和世界と人類の新文明を創造する過程で、大きな役割を必ず果たすことができる。ＳＦ文学は、交流と相互学習を通じて発展していかなければならない。その相互交流からみれば、ＳＦ文学には明確な癒やしの機能と啓発という意義があることが分かる。中日両国のＳＦには、東洋の知恵、慈悲、そして感情が満ちており、未来社会の危機と理想を浮き彫りにしている。筆者はこのフォーラムで「中日のＳＦ交流は両国民にとって相互理解の重要ルートであり、また互いが共同して前進していくうえで重要な意義を有している。それゆえ、ＳＦの持続可能性と有効性を活用する必要があり、マルチメディアと高レベルな新しい次元を構築し、多元規制を築き、中日文化事業の発展に貢献しなければならない。それは人類運命共同体の理念に基づくときに成功を収めるであろう」と提唱している。

今回のフォーラムで、日本ＳＦ作家クラブ一九代会長林譲治は以下のような発言をした。新型コロナウィルスは公衆の健康を脅かすだけでなく、人類の生命価値観をも脅かしている。これをきっかけに、人種問題や社会格差などのいろいろな人類社会問題がますます深刻になっている。全人類が世界の構造的問題に直面し、新型コロナウィルスより大変な人類危機だと言っても過言ではない。このような状況の下で、ＳＦ文学作品は理性を広く述べ伝え、科学を尊重する任務を担い、世界の民衆の心の傷を癒やし、民衆の情緒を回復し、人類社会を良い方向に転換させるべきである。

日本の有名ＳＦ作家藤井太洋によると、現代社会の急速な発展が人々に大きな不確実性をもたらし、二〇二〇年に爆発した新型コロナウィルスが人々の病気に対する予想を覆した。元来知恵を持っていなかったウイルスが正確に人間社会の最も脆いところを攻撃し、科学発展の倫理を支配するようになった。それらの一連の人類への影響を考えることがＳＦ作家の義務であると主張している。

日本人作家川端裕人は、「ナショナルジオグラフィック日本版」のウェブサイトを舞台にして、一〇回にわたって公衆衛生の専門家たちとともに、疫病を科学的に解説した。彼はＳＦ作家の責任がＳＦのように日常生活のなかで新時代を考え、小説の形で疫病後の社会秩序を描き、特に科学者たちの「緊急事態」での奮闘を記録すべきだと指摘している。

３　小松左京と中国独自の特徴あるＳＦ小説

現在、中日のＳＦ交流を多面的に行うために、長期的な計画と準備を経て、中日両国の関係者が「小松左京ワークショップ」という新しいプラットフォームを設立した。長い間、小松左京に対する中国側の理解は不十分であったため、速やかにこの作業を大きく前進させる必要がある。「小松左京ワークショップ」は、中日両国のＳＦ文化の発展を促進することを目指すだけでなく、中国の特徴を備えた新しいＳＦの成果も生み出そうとしている。小松左京の研究をはじめ、新時代の中日の文学・文化交流が新たな成果を生み出せれば幸いである。それは、現在のメディアミックスの時代において、人類と自然の調和を実現し、人類の運命共同体を構築するための長期的かつ戦略的な課題でもある。

ＳＦ文学は、科学技術の急速な発展の産物である。「サイエンスフィクションにとってもっとも重要なのは、科学技術の変化に対する洞察である。（中略）私たち一人一人がサイエンスフィクション的な思考様式を持つ必要があります。たとえ、それはどういう思考様式なのかを知らなくても[1]」。ＳＦ小説は時空を超えて読者に新しい刺激を与えることができ、常に活力に満ち溢れるジャンルである。小松左京は、優れたＳＦ作家の一人であり、同時に思想家と哲学者でもあり、現在でも多くの読者に愛読されている。

二〇一九年後半から、日本では小松左京の作品が再び注目を集め、二〇二〇年コロナの大流行のなか、彼の長編小説『復活の日』がさらに注目された。一九六四年八月に東京でのオリンピックの開催と同時期に完成した『復活の日』が、コロナが地球上で猛威を振るった二〇二〇年に再版されたことは大きな意義を持っている。

二〇二一年は小松左京生誕九〇周年、没後一〇周年にあたり、小松左京の壮大な「思考実験」を深く掘り下げ、その文学への理解を深め、「ビッグサイエンスフィクション文化」の意義を再認識する時機を得たといえる。本節ではこの新時代のさまざまなポジティブな要素を利用し、中国の特徴を備えたＳＦを築くことを呼びかけようと思う。

（1）　時代の選択と小松左京の対応

小松左京はなぜ戦後日本のＳＦ文学のリーダーになれたのだろうか？　わかりやすく説明するためには、「作家になる前にどんな小説がすきだったのか」という質問に対する彼の答えを取り上げてみたい。(2)

小松は夏目漱石の作品が大好きで、第二次世界大戦中には蘭生三郎と海野十三を読み、『世界文化史大系』を読んだ。後にドストエフスキーやウィリアム・フォークナー、サルトル、カミュ、チャペック、グレアム・グリーンなどの西洋作家の作品を読んだ。大学時代には、ダンテ、ピランデルロ、ハックスレー、ミルトン、ゲーテ、ジョイスに魅かれた。一九四九年から安部公房のファンになって、また、戦後作家の作品も数多く読んで、花田清輝の影響も強く受けた。後者の『復興期の精神』は、戦後の日本文化的ルネッサンスをイタリアのルネッサンスに比べることから、小松左京に多くのインスピレーションを与えた。小松左京は青年期に、日本の文化を基盤にして、外国の優れた文化を積極的に吸収した。

小松左京は、文学に限らず、幼い頃から哲学関係の本に非常に興味を持っていた。また、小松の高校時代は、日本における実存主義文学の流行の全盛期であった。小松のフッサールの哲学への関心、実存主義の受容、マルクス主義の理解と受容、アインシュタイン理論の理解などは、いずれも小松の一九六〇年代初頭におけるＳＦ創作のデビューと深い関わりがある。

小松左京が一四歳のとき、日本は敗戦を迎えた。その経験は、彼の思想の形成や小説の創作に重要な意味を与えた。時代の激変、戦争の悲惨さ、予測できない人生の変化、戦後日本の世相の変化などを身をもって体験し、その若い心に忘れがたい記憶を残した。さらに重要なのは、その「変化」は時代の「変化」だけでなく、人間そのものへの認識の「変化」でもあった。

戦争への嫌悪感と平和への希望のため、小松は日本共産党に参加した。その時期に、彼はさまざまな分野の多くの専門家や学者と交友関係を結んだ。各領域の一〇人の専門家と座談会を開いたときに小松左京は、「一〇人のパネラーに素人は僕一人」とユーモアのある言い方でその場面を語った。そのパネルで専門家からの「授業」を受けて、「そこにまた『違う』知が開けてゆく」と小松は感嘆した(3)。「僕の場合、在学中よりも、むしろ卒業してから京大の先生方との交流が深まっていくのだが、京大の「知」の特徴は文系とか理系といった二分法では括りきれない「学際的な知」「総合的な知」というところにあったように思う(4)」。日本初のノーベル賞受賞者の物理学者湯川秀樹は自分の研究方法について語るときにつぎのように述べたことがあった。「学問は勝負事ではない。しかしやはり気合が大切である。学問は芸術とも違う。しかし気魄が肝要なことに変わりがない。この気合、この気魄は一体どこから生まれてくるものであろうか。科学精神ということがよく言われる(5)」。小松左京と湯川秀樹は学問の融和についてお互いに理解し合い、異なる分野でそれぞれ成果を上げた。

「小説家という枠の中だけで小松左京の多面性を理解することはできないですよね。彼は知識人であり、日本の進むべき未来について多方面のメディアで説き続けました(6)」。したがって、小松左京の研究も作家の人生の実体験に迫ることによって、そのSF作家として成長していく過程を重視する必要がある。要するに、小松左京は戦後日本の多様な文化資源によって育まれた作家であり、豊富な読書歴と豊かな人生経験によって作られた人間でもある。

（２）ＳＦ理論宣言と「コンピューターを備えたブルドーザー」[7]

小松左京はデビュー当時からＳＦ小説の理論を探求してきた。一九六二年にソビエトＳＦマスターのイザン・イェファイアモフが「社会主義的ＳＦ」を発表し、翌年それに対抗するために、小松左京が書簡「拝啓イワン・エフレーモフ様―『社会主義的ＳＦ論』に対する反論―」を公開した。その書簡のなかで、彼は時代に歩調を合わせる自分のＳＦ理論を説明した。宮崎哲弥が「この論考はその後の、つまり六四年に本格的に開幕する小松左京のＳＦの設計思想が惜しげなく明かされており、その作品世界の格好の見取り図となっているのです[8]」と指摘した。

「その時代において革新的であり、現在は古典となっている文学の数々―ポー、スウィフト、トマス・モア、ダンテなどは、その時代の科学知識の総体に、彼などの文学の源泉を持っていたのではないでしょうか？―そんなことは、今ここでいちいち証拠を上げるまでもないことですし、社会主義国の住民であるあなたにとっては、そんなことを申し上げるのは釈迦に説法であるかもしれません[9]」と小松左京は語った。

これらの二人のＳＦ理論家は、ＳＦの科学的性質を重視するという点で似ているが、それぞれに特徴もある。社会主義ＳＦの理論は規範的なモデルとされて、ＳＦ自体の発展を束縛した。イェフィレモフは、科学の「知識」を空想科学小説の王冠のなかで最も高く、最も「純粋な」シンボルとして挙げ、他の要素を軽視していた。逆に小松はＳＦの多面的な性質を重視し、それをＳＦの発展方向として総合的に捉えている。

したがって、小松左京は自然科学と人文科学の融合を遂げようとし、一つの特定の傾向ばかりを強調することはないと思われる。それだけでなく、彼は現代のＳＦと古代の神話を結び付けようとして、現代人と古代人との継承関係を強調した。それは驚くべきことである。筆者の理解では、小松左京の理論とその一連の作品は、筆者が提出した文学と芸術が人々の帰還意識を反映することを裏付けている。「世界の存在理由、宇宙の存立構造を解き明かすことで個々の実存の意味を定める、という古来も「神話類」が果たしてきた役割を、近現代において担ってきたのはＳＦです」と宮崎哲弥は理解している。[10]

小松左京のＳＦに対する理解については、その回想録に次のように表現されている。「ＳＦが文学と科学との大規模な交流を作り出し、過去の大文学の再生ではなく、〈明日の大文学〉を生み出す直接的な契機となり得るかも知れないということのほうが、より重要のように思われます[11]」、「ＳＦが肯定的にせよ否定的にせよ、文学として、科学との失われた接触を恢復しようとしだしたことの意義は、決して過小評価されてはならないと思います[12]」。小松はＳＦ小説に含まれる大きな可能性と自由度を認識し、それこそはほかの小説形式と違う点であり、また文学の「源」でもあると主張したのである。

（3） ＳＦ―特殊なリアリズム―

日本では近未来の世界を描くＳＦ作家は数多く、小松左京はそのなかの代表的な一人である。「戦争がなければＳＦ作家になっていない[13]」という一言は、彼の創作意識の告白であり、そのＳＦ世界に入るための鍵でもある。

戦後日本の社会と時代を最もよく反映した名作は、間違いなく『日本沈没』である。その小説はある意味では、科学と芸術を高度に統合し、当時の日本の社会現実をベースとし、いまから一〇〇年前の歴史を遡りつつ、未来を推測している。それはドキュメンタリー的ではなく、ファンタジーと科学的理性を同居させるＳＦ的な方法である。したがって、ある意味で、このユニークなＳＦの方法を通じて、他の方法によってうまく表現できないテーマを文学化することができる。

小説『日本沈没』が行った「思考実験」は、日本に頻繁に起こり、地質学的に検証できる自然災害に基づくが、その主な目的は、地質学的変化の脅威を表すだけでなく、歴史的問題、日本民族の精神的課題、人類が最も大切にすべき文明の蓄積などを含む、日本の現実社会への深い思考とかかわる。

評論家の東浩紀は、「追悼小松左京」という文章で『日本沈没』の草稿の内容を紹介した。「ここに公開するのは、『日本沈没』の最終書、田所博士と渡老人の府中の邸宅における会話のもとになったと考えられる草稿である。」「田所は日本沈没をいち早く見抜いた科学者、渡は災害対策を裏で支えた政界の黒幕。小松は完成した小説では、そこで、前者に沈没の事実を伏せておきたかったと語らせ、後者には、実は自分は日本人ではないのだと衝撃的な告白をさせている。第一に、ここでは田所の逡巡は科学者の倫理として語られ、日本人論と切り離されている。第二に、東西日本人論にかなりの字数がさかれ、それは完成稿では削除されている。第三に、渡老人が外国人であるとの設定が導入されていないように見える。これら三点はいずれも、小松が推敲の過程で日本人論の純化を目指したことを意味している。『日本沈没』の執筆動機を解明するうえで重要な資料と言えるだろう。(14)」

小松左京が焦点を当てているのは、地質的な警告ではなく、現代社会の先行きへの質疑である。中国系の渡老人（渡来人と深い繋がりがある）の設定は国籍的には敏感な問題も含まれるが、もちろん、その作品では近隣諸国（中国を含む）に正対する態度がはっきり表れている。それは現実に基づいた小松の「思考実験」の特徴の一つである。

この作品のなかでは、日本列島全体の沈没の危機が迫っている時、日本政府の要人たちはその緊急状況下で激しい議論を交わした。当時、最も重要な問題は、苦しんでいる日本人を本土から避難させ、他国に助けを求めて生き残ることである。なので、他国との関係に直面し歴史を振り返ることが避けられなくなる。最もインパクトが強かったのは、野党の党首が言った言葉である。

「日本は明治維新以後、この最も近い地域を、敵を回すように自分を追い込んでいったからな。経済侵略か軍事侵略か、冷戦外交の尻馬か、軍事基地か——いずれにしても、帝国主義侵略の繰り返しだ。(15)」

小説のなかでは、対外拡張と侵略戦争を続けた日本が国家レベルで厳重な反省を行わなかったため、隣国との相互理解関係を築くことができない。したがって、中国に対する日本の態度が矛盾しており、中国からの支援を望んでいるが、中国との歴史問題に直面できないというジレンマに陥っている。

小松左京の親友の笠井潔が特集「さよなら小松左京」において以下のように述べている。

「一般論としては、中学生が戦争とその敗北に思想的な責任を負う必要はない。「戦火で死んでいたかもしれない」という戦争への痛烈な思いを引きずりながらも、復興に向けたがむしゃらな活気が世の中にみなぎり初めて、中学三年生の私を読み込んでいったのも当然だったろう。しかし小松の心底で、あの「痛烈な思い」と「がむしゃらな活気」の二重性、二つの魂は、容易に解消されることなくわだかまり続けたようだ。それが大学生の小松を共産党の活動に向かわせる。（中略）戦後日本人を間歇的に「反米」闘争に駆り立てたのは、未遂の本土決戦を再開しなければならないという無意識化された国民的オブセッションだった。吉本や井上の世代に刻印された戦死者への有責感は、形を変えながら、後続世代に共有され続けたと言わざるを得ない。[16]」

『日本沈没』では、このような手法を用いて、日本社会に蓄積された精神的重荷、さらには一種の国家的精神の危機を明らかにしている。したがって、『日本沈没』を災害小説と呼ぶよりも、ＳＦ小説の形式で書かれた警世小説と理解したほうがいいかもしれない。

小松左京は、一九六〇年代のはじめにデビューした。その時、日本は敗戦の荒廃から抜け出し、経済の繁栄を遂げたように見えた。そのような状況下に日本社会の根深い問題がより顕著に表れ、経済発展とともに、新しい歴史の一ページを開くことができるのかと疑われた。小松左京がなくなる直前の三・一一大震災後の絶筆は、彼の冷静な認識をはっきりと示している。笠井潔がいったように、「三・一一後の日本を八・一五後とは違う「もうひとつの戦後」として選びなおすためにも、かつて小松少年が体験した「地面が崩れ落ちるような恐怖」に対応するだろう。地震、津波、原発事故の「恐怖」を忘れることは許されない[17]」。つまり、小松左京が三・一一を通して見たのは、隠れている日本の災難であり、長編処女作『日本アパッチ族』から小松が戦争を書き続け、一大シリーズにもなったことを笠井は指摘した。

三・一一後の小松の絶筆となった「序文―三・一一以降の未来へ―」のなかで、日本人が目下の災難への良い解決策を見つけることへの確信を表明している。同書収録の「座談会　小松左京の射程『日本沈没　第二部』をめぐって」のなかで、小松がデビュー直後に書いた『日本のアパッチ族』は「無秩序なエネルギーに満ちた、「廃墟」そのものの物語である。（中略）それは（中略）廃墟自体のもうひとつの未来、もうひとつの可能性があるかもしれない」[18]。「日本沈没　第二部」は彼の一つの試みである。森下一仁は、「第二部は日本人としての意識の持ち方を描いている。日本人が世界の中で生きていく時に、自分たちのコミュニティだけをかんがえていればいいのか、それとも世界の中でのコミュニティということを意識しなければいけないのか、という問題です。[19]」と指摘した。筆者から見れば、「日本沈没　第二部」に託された主旨は、日本が世界中の国々、特に第三世界の国々と友好な関係を築き、新しい日本を築く方法を探ることである。小松左京の創作は社会からも政治からも最後まで離れなかったと言える。ある意味で、彼が書いたＳＦ小説は通常の「リアリズム」ではなく、逆に読者の心に訴えるために構築された特殊な「リアリズム」ではないだろうか。

(4) 小松左京の一貫したSF魂─「人間」と「生命」の尊さ─

「人間」と「生命」の尊さ、それは小松のＳＦ魂である。筆者の理解では「人間」と「生命」の尊さへの追求は彼のＳＦ小説の一貫した理念となっている。

一般的に言うと、『日本沈没』に言及するさい、しばしば自然災害や人間と自然との矛盾などをとり出す。筆者の意見では、それよりも、「人為的災害」、つまり軍国主義による日本の国家的崩壊の危機の方がより重大な問題として表現されている。小説『日本沈没』の最後には、田所と小野寺が代表する誠実な日本知識人が、真の「人命尊重」を実践していることが読み取れる。ある意味では、警鐘を鳴らす人である。だが、それが早すぎるとみんなに相手にされず、一日遅れると、一〇万人や二〇万人以上の死亡者数が増加する可能性がある。それらの数字の背後は一人一人の命であり、一人の人間のすべてである。『日本沈没』の創作理念には人命を尊ぶ意識が深く根付き、それこそ彼の追求の核心であり、半世紀にわたって築き上げてきた小松の哲学でもあると言える。

小松左京のSF小説のもう一つ注意すべき点は、宇宙を背景に、自然界全体を背景に新しいタイプの人間像を作ったことだと思う。

小松は早くから海洋に深い関心を持った。ある意味では、海洋は人類の故郷であり、地上に住むようになった人間は海洋の故郷をだんだん忘れてしまう。しかし、近年、海洋への関心が急上昇しており、人間が生存していくためだけではなく、人類の自分の原点に立ち返りたいという願望もその関心の高まりの一つの原因である。「文明と川」のようなエッセイを書き、海について語るのが、ある意味で、人類を束縛から解放し、人間への思考を広げるための小松の一つの思想形式になっている。『日本沈没』では、小野寺が潜水艦を運転し、深海の海溝にはいり込んで、不思議な生き物を目にして、深海での生き生きとした生命の活力に強く惹かれる。彼は例え最も困難な状況で一人だけ生き残っても、生命の活力が必ず発芽して結果を生み出すことに気づいた。

小松左京は、そのSF作品や理論的な著作のなかでは、生命を尊重し、人間自身を相変わらず愛し続けることを表明している。生命というのは、自然界のすべての生き物を含む全体的な生命の概念である。時代の発展とともに、現代の人間は自分自身を解き放ち、正しい方向への進歩を妨げていたさまざまな障害から自分自身を解放しなければならない。

（5）デジタル時代―メディアミックスとSFの組み合わせが時代を輝かせる―

純文学、ＳＦ、またその他のいろいろな分野から見ても、小松左京の作品は柔軟で、自由に各分野の境界を越えられる。小松作品の研究から出発し、純文学、ＳＦ小説、映画などを統合するメディアミックスを通じて、人間と文学の関係、そして時代の大きな変化のなかでの人間と世界の関係をより多様に把握できるのではないか。

日本の有名なＳＦ映画『ゴジラ』が公開される前に、アメリカ映画『原子怪獣現わる』がすでに世を驚かせた。映画『ゴジラ』は日本のＳＦ小説の映像への変容の最終形態である。『攻殻機動隊』、『ＧＡＮＴＺ』、『機動戦士ガンダム』、『銀河英雄伝説』、『ＥＶＡ』、『インセプション』など、ＳＦ映画やアニメが多数登場し、そのＳＦ文学の中核を日本文化と効率的に統合し、資本の力で市場を迅速に開拓することが成功の鍵であり、それらの作品は日本現代社会の新しい神話を生み出している。小松左京またはＳＦ小説の研究は、日本のアニメや漫画と切り離せないのである。藤井太洋など、近年活躍している日本のＳＦの代表的な作家は、日本の漫画やアニメはあくまで日本のＳＦの一部、しかも周辺的なものを取り入れただけで、まだ本当の良い創作をしていないと主張した。

しかし、映画であろうとアニメであろうと、視覚化された『日本沈没』の映像には、三つの主要な特徴がある。つまり、直截な叙事の展開、人間感情の映像的表現、シンプルな趣旨の三つである。小説と比べると、映画は単刀直入にコアプロットに進んで、「沈没」の過程を再現し、登場人物の感情の表現を重視し、煽情的な場面で視聴者の心を捉え、共感を呼ぼうとしている。映画とアニメは民間人のヒロイズムを強調し、友愛、犠牲、誠実などを表現し、世界的な価値観と一致するように見える。実際、小松の文学、その源となる科学文明理論、哲学、宗教の思想は、映画やアニメでは反映されないがゆえに、原作にある社会批評と科学的探求の次元が欠落して、小松左京の意図が見失われている。たとえその映画やアニメは当時の視聴者に親しまれたとしても、映画史とアニメ史に残る傑作になれるかどうかについてはまだいくつか問題が残る。ＳＦ文学がメディアミックスと完璧に融合するまでの道はまだ長く、研究者や関係者の努力はまだまだ必要なのではないだろうか。

筆者は新しい視点から、人間の四つの原点である「生命意識、革新意識、矛盾と統一の意識、帰還意識」から日本のＳＦを考えようとしている。もちろん、それは筆者自身の経験から考察したに過ぎない。つまり、過去の文学の枠組みを越えて、戦後の日本のＳＦ文学の動向をこの四つの角度から見なおしたものである。

小松左京、または日本のＳＦに対する研究は、現代日本の思想史、さらにもっと大きな歴史の流れのなかで、また国際的ネットワークにおいて考える必要がある。まだ小松左京についての研究は幕を開けたばかりである。研究の目的をさらに明確に把握し、人類の未来と対話できるよう希求している。

【注】

（１）（米国）艾萨克・阿西莫夫（アイザック・アシモフ）『阿西莫夫論科幻小説（サイエンスフィクションに関するアイザック・アシモフ）』涂明求・胡俊・姜男訳、合肥、安徽文芸出版社、二〇一一年、五ページ。

（２）文芸別冊『追悼小松左京、日本・未来・文学、そしてＳＦ』、東京、河出書房新社、二〇一一年、一九三〜二一三ページ参照。「人間として文学とは何か」という記者の問いに小松左京が答えている。

（3）小松左京『SF魂』、東京、新潮新社、二〇〇六年、一六六ページ。
（4）小松左京『SF魂』、東京、新潮新社、二〇〇六年、四七ページ。
（5）湯川英樹『湯川英樹著作集　四』、東京、岩波書店、一九八九年、三ページ。
（6）東浩紀・宮崎哲弥『時代は小松左京を必要としている』文芸別冊『追悼小松左京』、東京、河出書房新社、二〇一一年、二〇ページ。
（7）小松左京『SF魂』、東京、新潮新社、二〇〇六年、九九ページ。
（8）一方、イェフレモフの原著に含まれる三つの文章を調べたところ、一つはイェフレモフの伝記紹介、二つは小松左京が読んだ「社会主義SF論考」と思われるが、やはり日本語訳の経緯は確定できないので研究者が参考になるようここに記すのみである。
（9）巽孝之編『SF論争史』、東京、勁草書房、二〇一五年、六〇ページ。
（10）宮崎哲弥『小松左京スペシャル』、東京、NHK出版、二〇一九年、五ページ参照。
（11）巽孝之編『日本SF論争史』、東京、勁草書房、二〇一五年、五二ページ。
（12）巽孝之編『日本SF論争史』、東京、勁草書房、二〇一五年、五一ページ。
（13）小松左京『SF魂』、東京、新潮新社、二〇〇六年、一四ページ。
（14）東浩紀・宮崎哲弥「時代は小松左京を必要としている」文芸別冊『追悼小松左京』、東京、河出書房新社、二〇一一年、一一ページ。
（15）小松左京『日本沈没（下）』、東京、光文社、一七九三年、三一五ページ。
（16）笠井潔「「戦争」と「平和」―小松左京の二つの魂―」『完全読本　さよなら小松左京』、東京、徳間書店、二〇一一年、一六〇～一六三ページ。
（17）笠井潔「「戦争」と「平和」―小松左京の二つの魂―」『完全読本　さよなら小松左京』、東京、徳間書店、二〇一一年、一六六ページ。

（18）谷甲州・森下一仁・小谷真理・石和義之「小松左京の射程―『日本沈没　第二部』をめぐって（座談会）」、笠井潔・巽孝之監修、海老原豊・藤田直哉編『三・一一の未来日本・SF・創造力』、東京、作品社、二〇一一年、一四七ページ。
（19）谷甲州・森下一仁・小谷真理・石和義之「小松左京の射程―『日本沈没　第二部』をめぐって（座談会）」、笠井潔・巽孝之監修、海老原豊・藤田直哉編『三・一一の未来日本・SF・創造力』東京、作品社、二〇一一年、一五〇ページ。

（孟慶枢）

第2章　村上春樹の「モンゴル」イメージ
──日本的オリエンタリズムの言説構築──

明治期以降、日本の知識人の知的思考を支配してきた「東アジアの言説」は、作家にとっても重要な表現対象であった。村上文学の読者は東アジアでもっとも多い。そして、「東アジア」は村上文学の中の重要なモチーフである。小説である『羊をめぐる冒険』や『ねじまき鳥クロニクル』、旅行記である『辺境・近境』などでは、ジンギス汗やモンゴル兵を描いている。ジンギス汗やモンゴル兵という題材に対する中国での複雑な感情やイメージとは対照的に、村上はモンゴルを疎外された他者としてイメージすることによって、日本的オリエンタリズムの特徴を有するものとしてそれらを捉えるようになった。

1　「同化」か「解離」か──日本的オリエンタリズムの言説を構築するための基本戦略──

村上の『羊をめぐる冒険』（一九八二年）には、何世紀ものあいだ眠っていた「羊」が、一九三五年の夏に「満州・モンゴル」の国境で羊博士によって眠りから起こされたとある。羊博士は、「羊が人の体内に入るというのは中国北部、モンゴル地域ではそれほどめずらしいことではないんだ。連中のあいだでは羊が体内に入ることは神の恩恵であると思われておる。たとえば元朝時代に出版されたある本にはジンギス汗の体内には『星を負った白羊』が入っていたと書いてある。[1]」とジンギス汗にまつわる説明を記している。なぜ作家は、この日本の近代化の象徴である「羊」を「満州とモンゴル」の国境に設定し、「羊」のかつての宿主がジンギス汗であると具体的に述べているのであろうか。また、なぜ先の大戦における日本の侵略行為の根本原因をジンギス汗に求めているのであろうか。ここからは村上のどのような言説的戦略を見出すことができるのであろうか。

西欧文明に基づく、日本とは異質の文化的価値基準を日本は受容した。しかしそのことは逆説的に言えば西欧文明を否定してもいるとも言える。つまり、西欧との同質化を追求する中で、「後進国のアジア」という他者を利用して、「富国強兵」の理論を構築し、その政策の実行を正当化する。それは結果として、西欧を敵対する他者として扱うことになった。その結果、日本人の中に「非西欧人」というアイデンティティが形成された。村上は、日本の侵略性のルーツをアジア大陸のジンギス汗と象徴的に結びつけた。羊博士の来日は歴史上の「蒙古襲来」を明らかに暗示しているが、これはジンギス汗を日本以外の東洋の絶対的な他者としたことに相違ないだろう。

一九〇七年に那珂通世が『元朝秘史』を『成吉思汗實録』として翻訳して以来、ジンギス汗のイメージは、日本文学、とくに歴史小説の中で一本の系譜を形成してきた。平安時代末期の武将であり、軍神として知られる悲劇のヒーロー源義経は自刃していないという流言は、日本の民間に長く伝承されたが、江戸時代には「源義経北行伝説」が生まれ、明治時代には「ジンギス汗は源義経」であったといわれるようになった。この点に関して、その独自性を指摘する研究（芝山豊「〈蒼き狼〉とオリエンタリズム」『清泉女学院大学人間学部研究紀要』第五号、二〇〇八年）の中で印象的なのは、ジンギス汗の物語が日本そのものの物語として書かれ、また読まれていると指摘されていることであろう。あるいは、ジンギス汗のイメージが日本に入ってきた当初から、その物語が日本そのものの物語であるという使命を与えられたのであろうということもできよう。このことは、一九世紀の西洋で作られた「悪魔と黄禍」としてのジンギス汗のイメージを抜け出し、「東洋の他者性」という概念の導入により、日本の近代化の歴史的起源を再構築するものとなった。しかし、「満州」などにおける植民地支配を合理化することを可能するものとしてこの再構築が用いられたことは、明らかに「大東亜共栄圏」の建設という国策に呼応したものであった。

一九五九年に井上靖の『蒼き狼』が世に出た。その後に出された文芸作品のなかには、井上靖の『蒼き狼』の複製品といえるものが多くあったといえよう。井上靖がジンギス汗を「蒼き狼」と呼んで以来、モンゴル民族の勃興の歴史は「蒼き狼時代」と呼ばれている。一九六一年に大岡昇平との歴史小説をめぐる論争において、井上靖は、「狼の原理」はジンギス汗をはじめとするモンゴル人とは無関係な作家による発明であると発言した。さらに、日本のモンゴル研究者である芝山豊は、「歴史的コンテクストさえ無視して、自他の差異を認めない態度は、普遍主義の衣を纏ったエスノセントリズムであると言わざるを得ない(2)」と、いわゆる「狼の原理」を指摘している。このように、井上靖のジンギス汗像は、明治時代の「ジンギス汗は源義経」という伝説に遡ることができるものであり、ジンギス汗像を日本人の自己イメージとして内面化し、東アジア文化圏の共通文化記憶を書き換え、再構築するものであるといえよう。これは、日本的オリエンタリズムである日本民族中心主義の重要な文化戦略の一つであろう。

村上が描いた他者としてのジンギス汗像は、近年の日本の歴史学や文学で描かれたイメージとは表面的には大きく異なっている。羊博士は「人の体内に入ることのできる羊は不死であると考えられている。そして羊を体内に持っている人間もまた不死なんだ。しかし羊が逃げだしてしまえば、その不死性も失われる。全ては羊次第なんだ。気に入れば何十年でも同じところにいるし、気に入らなければぷいと出ていく。羊に逃げられた人々は一般に『羊抜け』と呼ばれる。つまり私のような人間のことだ」[3]と述べた。「羊」はフレイザーの「金枝」のように超自然的な力を持ち、また寄生虫のような魂の特徴を持ち、時空を超えてあらゆる時代の征服者の象徴ともなる。村上のジンギス汗のイメージも同じように、特定の歴史的文脈と切り離され、「普遍的な意味」を持つ概念であると言える。

同時に、村上のジンギス汗のイメージは、絶対的な悪の化身ではないか。「鼠」は、羊に飲み込まれて「それはちょうど、あらゆるものを呑みこむるつぼなんだ。気が遠くなるほど美しく、そしておぞましいくらいに邪悪なんだ。そこに体を埋めれば、全ては消える。意識も価値観も感情も苦痛も、みんな消える。宇宙の一点に凡る生命の根源が出現した時のダイナミズムに近いものだよ」[4]と言った。「羊」を迫害した上に、殆どの人が犠牲者になり、魂も心もゼロになった「先生」を含め、「悪」の「羊」が日本側の均質化されたイメージにならず、絶対的な他者として地域外からやってきたものになった。すると、戦争の悪を含めた「悪」の切断や「解離」も容易に達成されている。斎藤環の解釈によると、「解離（dissociation）は、防衛機制の一つである。トラウマやストレスなどから心を保護するためのメカニズムとして、『解離』はいまや『抑圧』以上に重要なポジションにおかれる。それは簡単に言えば、人間の心における時間的・空間的な連続性が失われることだ。抑圧がストレスを無意識の方に垂直に押し込む身振りなら、解離はストレスを感じている心の部分を、そっくり切り取ってわきに押しやる身振りということになるだろう。(5)」ということである。「解離」したから、過去の罪責を負わなくても構わないことになり、トラウマの癒しも容易に達成できると考えている。現実の悪を放置したり、内在化したりすることで、その結果として歴史的真実が何度も欠落し、最終的には歴史的記憶も書き換えられ、忘れ去られることになろう。したがって、村上の「解離」という策略も、また日本的オリエンタリズムの言説を構築するための強力な利器とみなすことができる。

2　日本的オリエンタリズムの言説の構築におけるマルチ内包

『羊をめぐる冒険』における「ジンギス汗」が抽象的・概念的なものだとすれば、『ねじまき鳥クロニクル』においては、村上は常にモンゴルやモンゴル人のイメージを具体的な歴史的文脈の中に置いている。そのような歴史的背景から見たモンゴルのイメージにはどのような特徴があるのだろうか。小説では、まず間宮中尉の目を通してモンゴル草原の風景を描写している。彼のモンゴルに対する認識は、与謝野晶子の詩におけるモンゴルの広々とした野原への詠唱とまるで一つのわだちから出たようである。それゆえ、一見リアルな風景の描写かのように見えるが、おそらく先人からの描写的なステレオタイプ（stereotype）をカバーしている可能性が高いだろう[6]。

また、この小説では、軍人の浜野の口から、ソ連、モンゴル、日本の複雑な国際関係についても以下のように語られている。「外蒙古は独立国とはいえ、完全にソ連に首ねっこを抑えられた衛星国家のようなものです。その点では日本軍に実権を握られた満州国とまあどっこいどっこいです。しかしその中で反ソ連派の暗躍があることはよく知られていました。それまでにも、反ソ連派は満州国の日本軍と内通して何度か反乱を起こしていました。反乱分子の中核はソ連軍人の横暴に反感を抱く蒙古人軍人と、強引な農業集中化に反抗する地主階級と、一〇万を越すラマ教の僧侶たちでした。そのような反ソ連派が外部勢力として頼ることのできたのは、満州に駐在する日本軍だけでした。また彼らには、ロシア人よりは、同じアジア人である日本人の方に親しみが持てたようでした[7]」。

一七世紀にモンゴル全土は清朝に組み込まれ、一九一一年の清朝崩壊後、外モンゴルは独立を宣言したが、国際社会からは認められなかった。一九二一年七月にモンゴル人民革命政府が成立し、一〇月にソ連赤軍が「勦匪」の名目で外モンゴルに軍隊を派遣したが、中国政府の抗議もむなしく、一一月にソ連とモンゴルは「ソビエト・モンゴル友好協定」を締結し、ソ連はモンゴルの独立を承認した。一九二四年五月、ソ連は「外蒙古を中華民国の一部と認め、この領土における中国の主権を尊重する」という「ソ連邦と中華民国間の諸問題解決のための大綱に関する協定（中ソ解決懸案大綱協定）」を締結した。しかし、同年六月、モンゴル革命政府がモンゴルを「モンゴル人民共和国」と宣言したことにより、外モンゴルはソ連の支持を得て中国からの分離独立の第一歩を踏み出した。

一九三一年に日本が中国に侵攻した後、外モンゴルは事実上、中国から分離され、ソ連の衛星国となった。また、浜野は「前年の昭和一二年には首部のウランバートルで大規模な反乱計画が露見し、大粛清が行われました。何千という数の軍人やラマ教の僧侶が、日本軍と内通した反革命分子として大量処刑されましたが、それでもまだ反ソ連感情は消えやらず様々なところでくすぶっておりました。ですから日本の情報将校がハルハ河を越えて、こっそりと反ソ連派の外蒙軍の将校と連絡を取ったとしても決して不思議なことではありませんでした。(8)」と紹介した。いわゆる「反乱」とは、スターリンがモンゴルの反体制派を排除し、粛清するための口実だった。

小説におけるモンゴル将校と兵士の描写は間宮中尉の個人的な経験に基づいたものであるが、そのうちで、最も印象的なのは、「皮剝ぎ」のエピソードで強調されているモンゴル人の残虐性と残忍性である。ロシア人将校「皮剝ぎのボリス」の命令で、あたかも「まるで小さな熊のような」モンゴル人将校たちは、芸術作品を完成させるかのように、桃のように山本の皮を剝ぎ始め、「彼らは、凝った面倒な殺し方をするのが大好きなんだ。いうなれば、そういう殺し方のエキスパートなんだ。ジンギス汗の時代から、モンゴル人はきわめて残虐な殺しを楽しんできたし、その方法についても精通している。私たちロシア人は、いやというほどそのことを知っている。学校で歴史の時間に習うんだよ。モンゴル人たちがロシアでかつて何をしたかということをね。彼らはロシアに侵入したときには、何百万という人間を殺した。ほとんど意味もなく殺したんだ。キェフで捕虜にしたロシア人貴族たちを何百人も一度に殺した話を知っているかね。彼らは大きな厚い板を作って、その下に貴族たちを並べて敷き、その板の上でみんなで祝宴を張って、その重みで潰して殺したんだ。そんなことは普通の人間にはなかなか思いつけるもんじゃないよ。そう思わないかね？　時間だってかかるし、準備だってたいへんだ。ただ面倒なだけじゃないか。でも彼らはあえてそういうことをやるんだ。何故なら、それは彼らにとって楽しみだからだ。[9]」と言った。ジンギス汗は人間にとって災難の一つであるとみなされて、「彼は恐怖を政治体にして殺戮を意味する条理的な制度にしました[10]」。ジンギス汗に代表されるモンゴル人は、西洋にとって「野蛮」の代名詞であり、遊牧民である羊飼いの基本的な生活様式が、モンゴル人の血気盛んな性格の根源であると考えられていたほどである。そこで芝山豊は、村上春樹の『ねじまき鳥クロニクル』に登場したモンゴル人を「欧米のオリエンタリズムのコピー」と述べている[11]。

モンゴルの兵隊は、顔が粗野で、歯が汚れていて、髭がぼうぼうで、悪臭を放っていて、制服が破れて汚れていて、さらに制服の色も識別できず、靴が穴だらけだった。その上、彼らの物品を調べつくし、馬泥棒や強盗のように、価値のあるものすべてを奪って自分のものにしてしまったのだ。モンゴル兵は、刃渡り一五センチの奇妙な形の歪んだ大刀で浜野の喉を切り裂き、彼が持っている役立ちそうなものを奪い取り、おそらく浜野の母親と思われる女性の写真を地面に投げ捨てた。このようなモンゴル兵の服装や殺人には、規律性や人間性はおろか、戦闘集団としての規律やモラルも士気も全くない。手にしたソ連製の武器と、モンゴル人民共和国の正規軍であることを示す星印の肩章以外は、近代的な軍隊や近代的な戦闘集団とは無縁の存在だった。

ノモンハンの「小さな熊のような」外モンゴル人の将校がボリスの殺人マシーンであり、シベリアの囚人でモンゴル相撲のチャンピオンと言われたタルタルが彼の個人的なボディーガードであったことは特筆すべきことである。ボリスとモンゴルの兵士を結びつけるイメージは、冷戦時代のソ連とモンゴルの国際関係によく似ている。戦後の日本は、米国を機軸としていたため、先の戦争に関する緒問題は、タイムリーかつ真摯に検証されることなく未解決な問題として残されていた。したがって、東アジア諸国との関係は抜本的な改善にはほど遠く、戦後の日本再建の道を自ら閉ざす結果になった。一方、モンゴルは一九二一年の独立宣言から一九九一年一二月の旧ソ連崩壊までソ連と国交があり、七〇年間、あらゆる面でソ連の完全な支配下にあった。一九六六年にモンゴルにソ連軍が駐留したことから、事実上、モンゴルはソ連の「第一六連合共和国」になったと言われている。つまり、戦後の冷戦構造の中で、ソビエト・モンゴルとアメリカ・日本は、二つの陣営に別れていたわけである。このような情勢を背景として、村上のモンゴル人物語の構造は、旧ソ連の全体主義政治に対する抽象的な批判として設定されており、そこには無意識のうちに若干の冷戦意識が反映されている。

これは、日本的オリエンタリズムを分析する際に見落としがちな点であり、日本的なオリエンタリズムの戦後の言語環境における拡張と進化と言ってもいいかもしれない。

この小説における四つの史話は、主人公が資料を調べたことから判明した綿谷昇の話を除き、すべて戦争の個人的な目撃者である間宮中尉の長い談話や郵便物から成り立っている。つまり、村上はこの小説において物語の視点を特定の人物に限定し、読者がその人物の視界に引き込まれることによって、その読者が臨場感を急激に高めることを狙っている。同時に、具体的な出来事に対する認識や評価は、表面的に見れば小説の登場人物に由来するが、深層を探ると作者のデザインからもたらされたものである。それゆえに、テキストの主題は複数の意味を持ち、不確実性に満ちている。このようにして、この小説における日本的なオリエンタリズムの内包も多様化している。したがって、研究者の芝山豊が前述したように、村上春樹の『ねじまき鳥クロニクル』に登場するモンゴル人の姿を、「ヨーロッパやアメリカのオリエンタリズムのコピー」とするのは不正確ではなかろうか。

いずれにしても、この作家の物語構造をとおして、日本的なオリエンタリズムの複雑な意味合いを見出すことができる。即ち、西洋の他者との同化を追求する一方で、西洋のオリエンタリズムの論理的原理を利用して東アジアの他者と自己の関係を構築し、自らを「アジアの盟主」と位置付けようとする戦後の日本の東アジアへの認知パターンが、冷戦時代のメンタリティの影響を受けつつ形成されるのである。

3 「モンゴルのイメージ」という言説の構築

『ねじまき鳥クロニクル』の第一部、第二部が出版された一九九四年六月に、村上は雑誌『マルコポーロ』の招待を受け、中国の内モンゴル自治区とモンゴル人民共和国を二週間旅行し、中蒙国境にあるノモンハン事件の戦跡を訪れ、『ノモンハンの鉄の墓場―大連からハイラルへ―』という紀行文を執筆した。それは、同誌の一九九四年九月～一一月号に掲載された。そして、一九九五年八月に、『ねじまき鳥クロニクル』の第三部である「鳥刺し男編」が出版された。『ねじまき鳥クロニクル』におけるモンゴルのイメージが主に文字から得られるものだとすると、フィールドワークのレポートに反映された問題意識は感情がみなぎっており特に印象的である。

村上における「中国」というキーワードは「非日常的な風景空間」であり、中国の他者を通して日本の近代史を考察しようとする意図は明白であるが、同時に中国への優越感も見られる。この優越感を支えているのは、近代以降に発達した日本的なオリエンタリズムから逃れられなかった作家の姿である。冷戦の終結にもかかわらず、冷戦意識が残存し、中国は依然として日本の仮想敵国であり、中国への不可解な敵意が作品に不用意に表れていると言えよう。

村上は、『ねじまき鳥クロニクル』にモンゴルのステレオタイプなイメージを描いている。旅行記に描かれたモンゴルのイメージとは大きく異なっている。一九九〇年代のモンゴル社会は、ゆっくりと発展し、市場経済に適応し始めたばかりで、未整備の経済制度・法制度、インフラの後進性などによる電気供給への不安、深刻な水不足が露見していた。さらに軍の兵舎でも水が不足し、水洗トイレがないばかりか飲用給水タンクの水には様々なものが浮かんでいた。だが、モンゴル人の兵士は体が屈強で、派手に飲み食いし、平気でその汚い水を飲む。村上と同行した写真家の松村映三はそのような場面を驚きをもって撮影している。村上の案内人もモンゴル人将校で、そのうちの一人がチョグマントラであり、もう一人がナスンジャルグルだった。彼らを国境まで連れていったナムソライ中佐は、日本の商店街の見張り番のように目つきが鋭く、国境を知り尽くしていた。また、平原でオオカミに遭遇したが、銃で武装したチョグマントラ中尉はオオカミを撃ち、携帯をしていた小刀でその狼の尻尾を切り落として、もう一度このような獲物に出会える幸運を手に入れるべくモンゴル人の狩猟呪文にうやうやしく従ったのである。村上は、東アジアの後進国の民衆の肉付きや原始的ともいえる生命力を感嘆をもって描写している。

村上の中国像を論じる上で、筆者は、この紀行文において彼が中国人とモンゴル人を対照的に描写する戦略を採用したことを指摘しておきたい（この点に関しては、既にその独自性を指摘した研究[12]がある）。村上の『ノモンハンの鉄の墓場』に登場する中国人には名前がないが、村上と同行したモンゴルの三人の将校には長い名前があり、一人ずつ記載されている。中国のノモンハン村の博物館は、小学校の忘れ物のガラスケースのようなものであるが、向かいのモンゴルには相当規模の博物館がある。モンゴル軍の兵士たちは、兵舎での夜間の飲酒禁止を深刻に受け止めることなく、いつものように電気をつけて平然と飲んでいたが、軍隊内でそれを咎める者は誰もいなかった。中国人は「中国人民解放軍は規律が厳正なので、そのようなことは絶対にあり得ない」と言う。しかし、中国新バルグ旗の街頭にいるほとんどの兵士は昔の日活映画に出てくるちんぴらのようにだらしなく、ボタンを外していたり、曲がった帽子をかぶっていたり、あるいは紙巻きたばこをくわえていたりしている。同様に軍紀を犯しているモンゴルの兵士は勝手気ままで無邪気であり、一方、中国の兵士は考えと行動が一致せず、困惑した顔をしている。その対比が一目瞭然で何とも皮肉であると言えよう。文化的な日本人や勇猛なモンゴル人と比較すると、中国人は明らかに現代の恐ろしいフリークのような姿を晒しているようだ。

なぜ村上は、中国とモンゴルのイメージを対比させるという意図的な物語を作ったのか。その理由を出すのは容易で、それは一九九四年に冷戦構造が崩壊したからである。ソ連が解体されるにつれて、堅固な不破のモンゴルとの同盟関係が崩れるようになる。モンゴルは、ソ連への原材料供給地や畜産物の生産拠点という長期にわたる「植民地」の立場から解放された。歴史的な宗主国関係と地政学的な接近性からモンゴルは中国への羨望を抱いていたが、一方で自国が中国経済に従属するのではないかとの不安も有していた。つまりモンゴルは中国以外の国からの経済援助を受ける必要があった。これに対し、経済大国から政治大国へと役割を変更しようと努めている最中であった日本は、一九九〇年代、モンゴルに大量の経済援助と人道支援を提供した。くわえて、モンゴルは東アジアにおける重要な地政学上の位置にあるため、「大国」としての中国の勃興とロシアの復活を抑制するという二重の役割を果たすことが期待された。一九八七年、モンゴルと国交を結んだアメリカはモンゴルに欧米の民主主義的価値観を注入し、モンゴルは「アジアの民主主義のモデル」と称された。モンゴルが日米の同盟国となり、中国脅威論が日米にとって常に悪夢となっている今日、村上は無意識のうちに、冷戦時代の意識ラインを改めて明らかにし、両者を対比させている。

一九八〇年代後半から一九九〇年代前半にかけて、冷戦の終結に伴い、東アジアの状況は劇的に変化し、両極体制下で隠されていた民族、宗教、領土、エコロジーなどの問題がしだいに表面に浮上してきて、地域的な衝突が続いている。村上はこの小さな紀行文で東アジアにおける近代化の不安から生じる複雑な問題を浮き彫りにしている。彼は内モンゴルと外モンゴルの「境界線上の分離」について次のように書いている。「ただ友好的な関係にあるとはいっても、現実的には両国の経済的な実力格差は圧倒的であり、中国（漢人）の急速な経済進出を恐れるモンゴル側の事情と、そしてまた国境をはさんで人為的に「線引き分割」された状態にあるモンゴル民族の団結、あるいは融合傾向のたかまりを危惧する中国側の事情によって、交流の進展に対して両サイドからそれぞれにブレーキがかけられたのではないかというのが僕の想像である。おそらくこのあたりの地域の政治的再編成はかなり急速に進んでいくことになるのだろうと思われるが、それが「ユーゴ的」に悲惨なものにならないことを僕としては祈るばかりだ（というのは内外モンゴルで僕が出会った人々はみんないい人たちだったので）。いずれにせよ流れを無理にせき止めたような、この〈ステイタス・クオ〉の状態はそれほど長くは続かないだろう[13]」。ここで村上は、モンゴルが中国から独立した歴史を深く掘り下げてはいないが、今日の分離の状況を招いた最大の要因は、旧ソ連と日本にあるとしている。

モンゴル人のオオカミ狩りでは、チョグマントラがリカーブボウを使っているわけではなく、ＡＫ自動小銃を使っているし、馬ではなく、長時間運転しても疲れないジープ（JEEP）が使われている。近代的な鋼鉄製の機械を前に、肉体としての狼は最初から生き延びる望みはなく、案の定一〇分後に疲れ果て、息を切らしながら、精神的に覚悟を決めたかのように死を待っている。ここにおいて、村上の描写は非常に感動的である。「そのあいだ狼は不思議なくらい澄んだ目で僕らを見ている。狼は銃口を見つめ、僕らを見つめ、また銃口を見つめる。いろんな強烈な感情がひとつに混じりあった目だ。恐怖と、絶望と、混乱と、困惑と、あきらめと、……それから僕にはよくわからない何か[14]」。村上は意図的に「何か」に強調記号を振っているが、それはなぜか。読者に限りない余韻を残しているのである。狼を殺す途中で、ジープがあたかも沈みゆく太陽に追いついているかのような場面で、「でも言うまでもないことだが、今度は我々には勝ち目はない[15]」と書いている。また、村上はあとがきにこのように感慨を残している。「僕は錆びたソビエトの戦車や、鉄の破片が一面にばらまかれた戦場のあとや、チョグマントラに撃ち殺された雌狼の静かな目を忘れることができなかった[16]」。人類は機械を用いて世界を制覇し、私利私欲のために自然環境を破壊してきた。人類は自然と長いあいだ戦ってきたが、今後自然との調和を実現できなければ、必ず自然からの報復を受けることになる。これは、現代の東アジア諸国が懸命に近代化を目指す時、直面しなければならない報いである。

村上の中蒙国境での活動は、文学の象牙の塔から出て、現実の東アジアの他者に接近して、歴史の塵や壁を乗り超えて東アジアの「問題」を明らかにした最初のものであった。しかし、彼はこの旅行記において、モンゴル人の狼狩りについて、「僕が満州からモンゴルにかけてうろうろとしている二週間のあいだに、こっち側の世界ではいろんなことが僕とは無関係に進行していたようだった。そして今、約一カ月後、モンゴルの草原を遠く離れた場所で、そのほとんど対極にあると言えそうな場所で、僕はこの原稿を書いている[17]」と述べている。このようにして、モンゴルはふたたび理解できない「反対側」、コミュニケーションの取れない他者、として固化された。村上の様々な努力にもかかわらず、彼が無意識のうちに日本的オリエンタリズムの言説の罠に陥ることにより、モンゴルという東アジアの他者はふたたび不在となった。

4 村上春樹の言説構築と日本的オリエンタリズム―結論にかえて―

村上春樹は、小説である『羊をめぐる冒険』や『ねじまき鳥クロニクル』、旅行記である『辺境・近境』などに、モンゴルのイメージを描いてきた。村上の描いた「モンゴル」イメージは、彼の言説構築において日本のオリエンタリズムのある種の特質として完璧なまでに反映されている。言説構築の基本戦略は、絶えず様々な他者との同化を求める。そして、歴史からの「解離」を実現するために、現実世界の罪悪を放置し、意識に内在化させるのである。言説構築には、少なくとも以下のことが含まれている。すなわち、欧米の言説を利用しアジアの他者と対峙させること、東アジアの他者を汚物、不協和音、無感覚、野蛮の代名詞としてステレオタイプ化すること、欧米の言説に「アジアの盟主」としての突破口を求めること、冷戦時代のメンタリティが強く入り込み、日本がどちら側でもない自己孤立の気まずい所に置かれること、などである。村上は「モンゴル」を問題意識として、東アジアが遭遇した近代化の様々な不安を考えようとした。しかし期せずして、日本的オリエンタリズムが日本文学の伝統に入り込み、その上、精神構造に内在化されるまでになったのである。

【注】

（1）村上春樹『羊をめぐる冒険（下）』講談社、一九八五年一〇月第一刷、一九八八年四月第八刷、五七ページ。

（2）芝山豊「〈蒼き狼〉とオリエンタリズム」『清泉女学院大学人間学部研究紀要』二〇〇八年第五号、三四ページ。

（3）村上春樹『羊をめぐる冒険（下）』五七〜五八ページ。

（4）村上春樹『羊をめぐる冒険（下）』二〇三ページ。

（5）斎藤環「解離の技法と歴史的外傷―『ねじまき鳥クロニクル』めぐって―」『村上春樹を読む』『ユリイカ』三月臨時増刊号、青木社、二〇〇〇年三月、六三ページ。

（6）この点を指摘する研究として、芝山豊「村上春樹とモンゴル―もうひとつのオリエンタリズム―」『モンゴル研究』第一七号、一九九八年、四三ページがある。

（7）村上春樹『ねじまき鳥クロニクル』『村上春樹全作品一九九〇〜二〇〇〇（四）』講談社、二〇〇三年、二一八〜二一九ページ。

（8）村上春樹『ねじまき鳥クロニクル』二二九ページ。
（9）村上春樹『ねじまき鳥クロニクル』二三五ページ。
（10）〔仏〕ルネ・グルッセ『草原帝国（上）』（藍琪訳、項英傑校正）商務印書館、二〇一五年、三五〇ページ。
（11）芝山豊「村上春樹とモンゴル―もうひとつのオリエンタリズム―」『モンゴル研究』第一七号、一九九八年、四二ページ。
（12）劉研『日本の「後戦後」時代の精神史寓話―村上春樹論―』商務印書館、二〇一六年。
（13）村上春樹『辺境・近境』新潮社、二〇〇〇年、二〇二～二〇三ページ。
（14）村上春樹『辺境・近境』二二三ページ。
（15）村上春樹『辺境・近境』二二四～二二五ページ。
（16）村上春樹『辺境・近境』二二六ページ。
（17）村上春樹『辺境・近境』二二八～二二九ページ。

【参考文献】


芝山豊「〈蒼き狼〉とオリエンタリズム」『清泉女学院大学人間学部研究紀要』二〇〇八年第五号。

芝山豊「村上春樹とモンゴル―もうひとつのオリエンタリズム―」『モンゴル研究』一九九八年第一七号。

芝山豊「司馬さんとモンゴル」『モンゴル研究』二〇〇〇年第一八号。

王煜焜「ジンギスカンと悲劇の英雄である源義経―日本の領土拡大と民間伝説の考察―」『北方民族大学紀要（哲学・社会科学編）』二〇一三年第二号。

藤井省三編『東アジアが読む村上春樹』若草書房、二〇〇九年。

〔米〕エドウィン・オールドファザー・ライシャワー『当代日本人―伝統と変革―（増訂版）』（陳文寿訳）、

商務印書館、二〇一六年。
劉研『日本の「後戦後」時代の精神史寓話―村上春樹論―』商務印書館、二〇一六年。

（劉研）

第3章　村上春樹の『ねじまき鳥クロニクル』におけるモチーフ試論
――歴史と暴力を読み返す――

はじめに

村上春樹は常に時代の最先端を走り続け、国内のみならず海外でも多くの読者を得て、日本を代表する現代作家として評価されている。彼の作品のテーマを一言で要約するのは難しいが、あえて言うならば、現代日本人の孤独、そして「異界との出会い」(1)であろう。

村上春樹の作品歴は大きく三期に分けられる。(2)『風の歌を聴け』(『群像』一九七九年六月号)から『一九七三年のピンボール』(『群像』一九八〇年三月号)の第一期、『羊をめぐる冒険』(『群像』一九八二年八月号)から『ノルウェイの森』(書き下ろし、一九八七年、講談社)の第二期、『ダンス・ダンス・ダンス』(書き下ろし、一九八八年、講談社)以後から現在までの第三期と捉えることができるだろう。九〇年代以後の『国境の南、太陽の西』、『ねじまき鳥クロニクル』などは、外部世界の消滅、現実感の喪失、そして異界のリアリティの浮上を特徴とする。(3)

作品ジャンルについては、翻訳を除いて、長編小説、短編小説、エッセイ、紀行文などに分けられる。本章では、長編小説『ねじまき鳥クロニクル』を取り上げてみよう。

『ねじまき鳥クロニクル』は村上春樹にとって転換点にあたる。「これまでの僕の小説は、何かを求めるけれども、最後に求めるものが消えてしまうという一種の聖杯伝説という形をとることが多かったのです。ところが、『ねじまき鳥クロニクル』では「取り戻す」ということが、すごく大事なことになっていくのです」と村上自身は語っている(4)。

本章では、この長編小説の『ねじまき鳥クロニクル』におけるモチーフである「歴史」と「暴力」について読み返してみよう。

1 成立の考察

まず、『ねじまき鳥クロニクル』の成立に触れたい。

第一章は、「ねじまき鳥と火曜日の女たち」という短編を改稿したものである。「ねじまき鳥と火曜日の女たち」の初出は『新潮』第八三巻第一号、一九八六年一月号であった。『ねじまき鳥クロニクル』は三部より成る。第一部「泥棒かささぎ編」は、『新潮』(第八九巻第一〇号~第九〇巻第八号、一九九二年一〇月~一九九三年八月、一九九三年一月号のみ休載)に連載され、一九九四年四月一二日に新潮社によって単行本として刊行された。第二部「予言する鳥編」は、一九九四年四月に第一部と同時に刊行された書き下ろし長編である。第三部「鳥刺し男編」(一九九五年八月刊)も同様に書き下ろしであるが、「動物園襲撃あるいは要領の悪い虐殺」（第一〇章）は事前に『新潮』（第九一巻第一二号、一九九四年一二月）に掲載されたものであった。

一九九一年のはじめから、村上春樹はアメリカのプリンストン大学に客員研究員として滞在し、現代日本文学のセミナーを受け持った。渡航前からアメリカ文学の影響を受けていた村上春樹はアメリカ滞在中、「ねじまき鳥と火曜日の女たち」を読んだあるアメリカの知人が、気になるところがいくつもあって、あれで終わったと思えなかったと言ってくれると、「あの短編を長くしてみたいという気持ちが強くなってきた」。また「四〇代の半ばというのは、小説家にとっては一番大事な時期じゃないかと、僕は思うんです。（略）アメリカに来て、プリンストン大学の官舎に落ちついて一段落すると、すぐに机に向かって『ねじまき鳥クロニクル』を書き始めたんです。」(5)と語っていた。

村上春樹の作品では長編と短編が有機的に繋がっていることが多い。「長編と短編というのは、僕にとって全然違う表現フォームです」(6)。例えば、「蛍」（『中央公論』一九八三年一月）の短編も『ノルウェイの森』（講談社、一九八七年九月一〇日）に発展して繋がっていった。村上春樹が短編と長編を書く時期は大体、交錯しているようだ。ある短篇に物語の種があって、長篇になる場合がある。村上春樹は短編と長編の関連について、次のように語っている。「僕にとって短編小説を書く目的はいくつかあります。ひとつは、これまでの長篇小説には書ききれなかったマテリアルを用いることであり、もうひとつはこれからの長篇小説で使いたい手法を実戦的に試してみることです」(7)。短篇は、短い小説だが良い構図があれば長篇へ変貌する可能性が高い、長編の土台だと言っても言い過ぎではないだろう。「ねじまき鳥と火曜日の女たち」は二部構成の長編『ねじまき鳥クロニクル』になったが、第二部で話は終わるはずだった。最後でトオルがプールで泳いでいるときに啓示を受ける場面がある。村上春樹はここで終わるつもりだったが、一九九五年には、第三部が発表された。それは、「ある種の責任感を強く感じたということだと思うんです。読者に対する責任感というよりは、むしろ登場人物に対する責任感、あの人たちを、呪縛から少しでも引き戻してあげたいという気持ち(8)」からだった。

村上春樹は、文学のあり方、現代社会のあり方、人間のあり方について、次のように述べている。

「日本で、個人として生きるというのは大変なことでしょう。アメリカでは、状況が逆になるんですね。むしろ、個人でありながら、そこからどう発展していけるかというところに意識が移るんです。それは、ある種の責任感の問題なんですね。僕は、アメリカに来て、しばらく暮らしてみて、そのことに身体が自然に気づいたんじゃないかなという気がします。そこに第三部を書き出した契機があったように思います(9)。」

『ねじまき鳥クロニクル』の成立には、「この小説がアメリカで執筆されたという事情に由来すること」と、「自分で仕掛けた謎に対して、自分で答えてみたいという気持ち」と、「登場人物に対する責任感」という三つの理由が挙げられる。一九九五年八月には短編「ねじまき鳥と火曜日の女たち」の掲載を含めて、ほぼ一〇年間をかけて村上春樹はこのねじまき鳥の物語を完結させた。

この作品は、従来の作品とは違う新たな様相を呈している。特に戦争の歴史の話を交じえながら現代社会の世相にコミットするという理念が持ち込まれたことが作品の特徴だと言えよう。

2 歴史の再現と暴力的な戦争

『ねじまき鳥クロニクル』は、「初めて「戦争」というものと正対することによって、そこから「現在」を生きることの意味を探ろうとした」作品である。[10] 内蒙古、ノモンハン事件、[11] ソ連の捕虜収容所での過酷な話が出てくるが、この辺は、歴史小説的に調べた部分もあるように思われる。これは村上春樹にとって、歴史的な構成を意欲的に出していこうとする新境地だろう。

村上春樹は自身が戦争に興味を持った理由を次のように述べている。

「一九九一年アメリカへ行った時は、ちょうど湾岸戦争が始まった頃でした。殺伐とした雰囲気だったです。僕もまじめに僕なりに戦争について考え始めた」[12]。村上春樹はプリンストン大学の図書館で、毎日歴史の本を読んだという。ほとんどがノモンハン事件と日中戦争に関する本であった。また村上春樹は自らノモンハンに行ったこともある。[13]

『ねじまき鳥クロニクル』における歴史について村上春樹は次のように述べている。「もちろん、僕は歴史家でもないし、歴史小説を書こうとしているわけでもありません。僕のやりたかったことは、歴史というものを、ここにある、この僕らの世界にそのまま、それごとひっぱりこんでくることだった」[14]。『ねじまき鳥クロニクル』第一部には、『ノモンハン美談録』、『ノモンハン戦記』などの参考文献[15]がつけられていることからも、村上春樹が歴史を意識的にテクストの中に取り込んだことは明らかだろう。

『ねじまき鳥クロニクル』の中の一部は史実に基づいているが、一部は村上春樹の虚構である。本章では、歴史に関連する部分を明らかにしてみよう。

第一章に本田さんの話が出てくる。トオルとクミコが本田さんのところに月に一度通ったときに、「彼は一時間ばかりずっとノモンハンの話を続けた。(略)隣にいた中尉の頭が砲弾で半分吹き飛んだり、ソ連の戦車にとびついて火炎瓶で焼いたり、砂漠に不時着したソ連機のパイロットをみんなで追い詰めて射殺したり、そういう話ばかりしていた。」(一の四)

ここでは、ノモンハン事件の参考資料を検討してみよう。村上春樹が参考にした伊藤桂一氏の『静かなノモンハン』の第一章「あの稜線へ—鈴木上等兵の場合」には「火炎瓶」の話が次のように書かれている。

「うしろからきた戦車は、前に追いついて並び、それは私たちのいる位置に向けて、迫ってきます。私は、火炎瓶を一本持っていましたし、まわりにも、火炎瓶を持っている者が二人いました。三人で、呼応しあって、戦車をむかえ撃つことにしました。」(五二ページ)

第三章「背嚢が呼ぶ—鳥居少尉の場合」にも「火炎瓶」の話がある。

「どこまでも、日本軍が優勢にみえました。(略)このサイダー瓶代用の火炎瓶のことは、ここへ来る途中、ハンダガイでサイダーを支給された時に、火炎瓶として使用すれば効果のあることをきかされたものです。(略)鎧窓は一尺四方の大きさがありますが、ここを狙って火炎瓶をぶっつけますと、瓶が割れるときに、エンジンが焼けているので車体に火がつき、空冷のため戦草は内部へ焰を吸い込みます。そうして一瞬に内部で火を噴き、その焰は、二〇時間くらいは燃えつづけます。」(一七〇ページ)

勝又浩氏は、「日本の兵たちは、『静かなノモンハン』にもあるように、現場で追い詰められた日本兵が発明した火炎瓶、サイダーの瓶にガソリンを詰めた「兵器」で戦車に突撃するような戦闘を繰り返したのだった。これはまるで、我々が戦後さんざん観た西部劇映画のようだ。」と述べている。[16]したがって、『ねじまき鳥クロニクル』に出てくる本田さんのいわゆる「火炎瓶」は村上春樹の架空の話ではなく、確かにノモンハンで使用された「兵器」だと言えるだろう。

本田さんは、「水」について繰り返しトオルに注意を向けさせた。小説で大事な役割を持つ水は、ノモンハン事件に参加した兵士たちにとって何より重要で欠かせないものなのであった。

三〇度の草原で敵と間断なく戦いながら、三日間にコップ一杯の水では、苦しさをとおりこして、眼はギラギラするし、喉は破れそうに痛いし、体も動かなくなってくるのだ。眠ると水の夢ばかりみた。[17]

水不足の現状はとても厳しかったのである。水に関する感謝状が出てくるのは、無理がないことである。

『ノモンハン美談録』感謝状の「荻州部隊臨時給水部、小松原部隊臨時給水部」には、「右ハ軍医大佐石井四郎ノ指導並ニ指揮ノ下ニ第二次「ノモンハン」事件ニ出動シ全期間ニ亙り給水ニ任ズ作戦地ハ水源極メテ乏シキ廣漠不毛ノ原野ニシテ時恰モ酷暑ニシテ熱砂焼クカ如ク人馬共ニ水ヲ求ムルヤ切ナリ（略）仍テ茲ニ感状ヲ授與ス　昭和一四年十月一日」とある。

本文では、本田さんは次のように語った。

「ノモンハンにはまったく水がなかった。補給というものが途絶えてしまったのだ。水もない。食糧もない。包帯もない。（略）世の中に喉が渇くくらい辛いことはない。戦友が水を求めて叫んでおる。気が狂ってしまったものまでおった。」（一の四）

したがって、村上春樹が目を通した歴史資料が、登場人物本田さんの語りを通して読者に伝えられる構造を『ねじまき鳥クロニクル』は持っているのである。

村上春樹がノモンハンの歴史資料を使い、小説の歴史関連部分を成立させたことをさらに明らかにしてみよう。『ノモンハン美談録』の「水中三人の人柱」という文章を例に挙げよう。

これは当時、満州国と外蒙古との国境とされていたハルハ河の支流に、夜間に乗じて軍隊の渡河のための橋を架けようとする「美談」である。偵察隊の三人は、「流速一・七米、深さ二・五米の河中」に飛び込み、「身を切るやうな冷水の中を、しばしば激流に押し流されながら、六〇米の対岸に泳ぎつき、一本の渡り綱をはることに成功した」のである。さらに、三人は綱が押し流されないように、再び河中に飛び込み、石にしがみつき、水中に人柱となって綱を支えた。（略）彼らは構築隊が来るまで、冷たい水中で頑張り続けたのである。

これは、『ねじまき鳥クロニクル』のこんな場面で使われている。

「それは外蒙軍が作ったと思われる秘密の渡河地点でした。巧妙にカモフラージュされて、一目では渡河地点とはわからぬようになっていました。浅瀬と浅瀬のあいだには板の橋が水中に渡され、急流に流されぬようにロープが張ってありました。（略）私たちはそのロープを摑んで流れを横切りました。まず山本が単独で渡河し、外蒙軍のパトロールがいないことを確認してから、私たちが続きました。脚の感覚がなくなってしまうほど冷たい水でした……」（一の一二）

村上春樹のノモンハンに関わる文章のリアリティが、『美談録』などの記述に拠っているものであることは明らかであろう。

ノモンハン事件に関連する史実を小説から抜き出し、確定させた上で、その戦争がどんな形でどれほど人々を傷つけるかを次に考えてみよう。

戦争は言うまでもなく、人間にとって悪である。その悪が武器、暴力など様々な形で表される。火炎瓶、皮剝ぎボリスなどがそれである。血まみれの暴力シーンを目にして井戸に飛び込んだ間宮中尉の体験から、戦争暴力の被害者の苦しみが読み取れる。

「私の本当の人生というのはおそらく、あの外蒙古の砂漠にある深い井戸の中で終わってしまったのだろうということなのです。（略）それ以来私は何を目にしても、何を経験しても、心の底では何も感じなくなってしまったのです。（略）私は誰も愛しませんでした。私には、誰かを愛するということがわからなくなってしまっていたのです。私はずっと脱け殻のように生きておりました。（略）脱け殻の心と、脱け殻の肉体が生み出すものは、脱け殻の人生に過ぎません。」（一の一三）

ノモンハンの生き残り間宮中尉が語る戦争体験は、村上春樹のこれまでの小説にはなかった異常な極限状況であり、それが新たなテーマとなっている。『ねじまき鳥クロニクル』では、悪の問題と現在と過去の関係が大きなテーマとなってくる。この視点は『海辺のカフカ』にも見られる。[18] 作家が日本社会、さらに世界に深い注意を払うのは、作家にとっての転換期と言ってもいいすぎではないだろう。村上春樹は人間そのものと歴史そのものに対峙する姿勢を取っている。歴史の暗闇の底でノモンハン事件から延びてくる暴力は現代社会に繋がっている感がある。

いた。

3　歴史と暴力の接続

『ねじまき鳥クロニクル』には、戦争の話もあり、現代社会の「悪」の代表者と設定される人物も登場している。虚構の異界と現実界の往来で村上春樹は、二重構造を使い、異界と現実界を巧みに描いた。

村上春樹は、「だんだん悪の存在を考えてきた。悪、暴力、いやらしいものは、意識してきた。正しいか正しくないといった領域に、どこでも現代社会の問題が接近していると感じる。[19]」

六〇年代の学生運動は、団塊世代の日本人にとって大きな意味を持っている。一九四九年生まれの村上春樹自身はその時代に青春を送った。この世代は全共闘運動に遭遇しているが、村上春樹も例外ではない。その時代の思想、理想の影響を受けていることは確かである。「六〇年代に育った僕が社会に責任を取らねばならない時がくるような気がします[20]」。『羊をめぐる冒険』には学生運動のシーン、三島由紀夫の自決事件などがでてくる。その時代にはまだ信じられていた理想が、今の村上春樹にも、作品の主人公にとっても体験になっている。『ねじまき鳥クロニクル』は、彼の世代の社会的責任をとる意味で、日本の社会を書こうとしたものであろう。

村上春樹には次のような発言があった。「コミットメント「かかわり」ということについて最近よく考えるんです。以前はデタッチメント「かかわりのなさ」というのが僕にとっては大事なことだったんですが。アメリカにいる間、コミットメントというのは、僕は非常に惹かれたのだと思うのです[21]」。

九〇年代以後、社会にいろいろな出来事が起こった。阪神淡路大震災や地下鉄サリン事件が次々と起こった。海外での経験、また仕事の広がりにつれて、作家としての姿勢の変化も起こり始めた。一九九五年には外国においていた執筆生活の拠点を再び日本に戻す(22)。ほぼその頃、彼はコミットメントの小説家へと変貌する。

村上春樹は自分の国で何気なく暮らしていたが、アメリカにいるとき、日本について真剣に考え始めた。『ねじまき鳥クロニクル』には日本社会のことを書きたかったのであろう。ノモンハン事件など、歴史の素材を織り込んだのも、「何かやらなければならない、戦わなければならないとの思いがあったためだ。湾岸戦争から地震、オウム真理教までの一連の出来事が、その思いを深めさせる(23)」ものであった。

阪神大震災の後に地下鉄サリン事件が起こって、それが「こちら側」にも関わる問題であることを強調している。連作「地震のあとで」と副題をつけた短篇小説集『神の子どもたちはみな踊る』が、『アンダーグラウンド』と『約束された場所で』という二冊のノンフィクションの「後で」書かれたのは必然だった。そしてその中の「かえるくん、東京を救う」という寓話的な作品が書かれたのも当然だった、という評価もある(24)。

村上春樹が小説のテーマとして一貫して捉えているのは、人間の意識、心、魂のあり方だ。「外界とのかかわりも当然大きな問題になってくるわけです。結局、個人のありようだけをいくら追及しても限界はあるし、外界とのインタフェースみたいなものが大事になってくる。その中で、歴史が出てくるし、日本人の共同体が出てくる。いろんな状況、意識、魂のあり方を試してみたいというのがテーマです[25]」。

作品が戦争に関連してくると、暴力の場面を避けることができなくなる。以下では、暴力に関することを改めて検討してみよう。

『ねじまき鳥クロニクル』が従来の村上春樹作品と一線を画す理由の一つは暴力描写にある[26]。読者にとって最も印象的なのは、人間の皮が剝がされる場面であろう。この作品に歴史性と暴力性を感じた人は多いだろう。歴史的事実である戦争の一つのエピソードとして描かれるその場面では、「歴史」が「暴力」と関連づけられた。

暴力や悪の問題で現代の日本を代表する人物として綿谷ノボルという男を村上春樹は登場させている。「超エリート政治家でありながら、どうも何だかものすごい悪を抱えているようである[27]」。綿谷ノボルに、悪は象徴されている。

綿谷ノボルとは、ずっと昔から存在していたと同時に、形が変わって今でもどこかで存在している抽象的な「悪」のイメージである。過去から現在へと継続する「悪」の象徴だ。「暴力」が戦争の一つの形式だとしたら、「ノボル」は現代社会の暴力形式として形を変えて、新たに「悪」を象徴しているといえるのではないか。

ノボルは誰に暴力を振るったのか。それは小説に登場した三人の女性である。クミコの姉を自殺にまで追いやり、クミコにも歪めようとする力を加え、クレタを傷つけたことが分かる。クミコとクレタは、ノボルになんらかの形で汚された経験をもつという点で共通している。

ノボルには政治的野望がある。大衆を煽動する術がある。岡田は「その暴力的な能力を飛躍的に強めた」と感じている。彼はその力を野望の実現に利用しようとしている。ノボルは政治家へと歩を進め、権力を掌握しようとしている。『羊をめぐる冒険』に描かれるノボルの野望は日本の右翼を得ようとしたあの羊の野望なのだ。[28]

『ねじまき鳥クロニクル』からは戦争への恐怖、人間の悪、現代社会における政治家などへの不信感などを読み取れる。

間宮中尉の話を引用してみよう。

「私は、ロシア人将校とモンゴル人による地獄のような皮剝ぎの光景を目撃し、そのあとモンゴルの深い井戸の底に落とされ、あの奇妙な鮮烈な光の中で生きる情熱をひとかけら残らず失ってしまっていたのです。そのような人間にどうして思想や政治などというものが信じられるでしょう。」(三の三二)

そして、「僕」の話である。

僕は続けた、「綿谷ノボルは、どうしてか理由はわからないけれど、ある段階で何かのきっかけでその暴力的な能力を飛躍的に強めた。テレビやいろんなメディアを通して、その拡大された力を広く社会に向けることができるようになった。そして彼は今その力を使って、不特定多数の人々が暗闇の中に無意識に隠しているものを、外に引き出そうとしている。それを政治家としての自分のために利用しようとしている。それは本当に危険なことだ。彼のひきずりだすものは、暴力と血に宿命的にまみれている。そしてそれは歴史の奥にあるいちばん深い暗闇にまでまっすぐ結びついている。」(三の三六)

過去の「暴力」は、戦争そのもので、現代社会の「暴力」は、ノボル自身と言えるだろう。『ねじまき鳥クロニクル』に登場する戦争の被害者間宮中尉、暴力の被害者クレタ、クミコの語りから、これらの体または心を傷つけられた人たちの苦痛を、村上春樹は読者に伝えているのである。

クレタの人生は、初め、あらゆる痛みを絶え間なく激しく感じて生きてきた（過剰な苦痛）。その苦しさから逃れるため行った自殺未遂で、次に「苦痛なき無感覚」の生を生きる（深い無感覚）。そしてノボルによってもたらされた性体験で、彼女は人生においてこの三段階の漠然という感触を得ることによって別の人間（第三の自分）に変貌を遂げる。

「後味の悪さは、それからあとも長いあいだ暗い影として私につきまとっていました。その十本の指のことを思いだすたびに（略）私は落ちつかない気持ちになりました。絶望感を感じました。私はその日の出来事を何もかも記憶の中から消し去ってしまいたいと思いました、でもそれはできませんでした。（略）私の中には紛れもない汚れのようなものがありました。（略）その変貌をもたらしたものは汚れているものです。間違っているものです。そのような矛盾なり分裂が長いあいだ私を苦しめることになりました。」（二の一三、一四）

クレタは、長い間に寂しい世界に閉じこもっているのである。

「兄の綿谷ノボルはそれと同じことを、ずっと昔私の姉に対して行ない、そして姉は自殺しました。彼は私たちを汚したのです。正確にいえば肉体的に汚したわけではありません。でも彼はそれ以上に私たちを汚したのです。（略）私は何をする自由をも奪われて、暗い部屋の中に一人で閉じこもっていました。（略）兄はもっと強い鎖と見張りで私をそこに繋いでいたのです。（略）逃げ出したいと願う私が力を持てなかったのは、私の心と肉体がすでに汚れてしまっていたからです。逃げ出してもう一度あなたのところに帰るような資格はもう私にはなかったのです。」（三の四〇）

ノボルは、クレタと姉に苦しい人生を送らせていた。確かに暴力を与えたのである。ただ、暴力の形は変わっただろう。具体的に言えば、間宮中尉の体験とは違って、精神的な暴力（目で見えない）を受けたのである。冷戦終結後の現代社会においては暴力の形は変わったと言えるのではなかろうか。爆弾のような戦時の暴力ではなく、精神的プレッシャーを与えるような多様で隠蔽された暴力で「ノボル」は現代社会の人々を暗闇に引きずりこんでいるのである。クレタもクミコも皆被害者になった。そこで、村上春樹は暴力と悪と戦う姿勢を持った作家であると捉えたい。小説から、トオルには戦いの意志があり、悪に干渉する覚悟で戦いの現場に臨む決意を読み取ることができる。(29) 作者である村上春樹も、少しずつ戦いの現場に足を踏みいれようとしている。

おわりに

村上春樹の小説からは、常に時代の動向を読み取ることができる。私たちに示そうとしているのは、おそらくこの世界の素顔だけでなく、新たな作家像ではないかと思っている。

『ねじまき鳥クロニクル』の刊行から既に二〇年以上を経ており、二〇〇〇年以後の『海辺のカフカ』、『アフターダーク』まで、現実界と異界往来の二重構造の仕掛けで歴史物語を織り込みながら暴力を抵抗モチーフとして小説を描く村上春樹の姿勢は、これからも続いていくことだろう。

子供の頃から、父親に古典文学を教わった村上春樹は、常に古典について考えているようだ。『平家物語』、『雨月物語』、『方丈記』、この三つの古典の共通点とは時間に対する感覚だと意識していた。「つまり絶対的な時間ではなく、（それは歴史的な時間でもある）時間を時間として冷静に意識し把握しながらも、己れの体内に別種の時間を作り出すという二重作業である。[30]」村上春樹はその出発から自分の作品世界の姿を深く認識して書き続けてきた人である。

悪とどう闘い、どう生きていけばいいのかと考えると、村上春樹の作品は、闘い続け生き続けていく支えになってくれるのではないか。二重構造を巧みに使い、過去の歴史と現代がかかわっていることを描く。それはこの作品のモチーフとしてだけでなく、あえて言うならば村上春樹のこれからの作品の創作意図にもなると推測できよう。二一世紀以後の村上春樹も、このモチーフで、多くの作品を書き続けることが大いに期待される。

【注】

（1）アントナン・ベシュレール「日本、もう一つの顔」阪大フォーラム二〇〇四委員会、二〇〇五年二月二八日。

（2）加藤典洋『イエローページ村上春樹』第六章「村上春樹の作品歴」荒地出版社、一九九六年一〇月一〇日、一四七ページ。

（3）第一期とは、主にデビューした後から一九八〇年前後まで、第二期とは、一九八二年出版した『羊をめぐる冒険』から『ノルウェイの森』を代表とする他界の描写を中心とする作品まで、第三期とは、『ダンス・ダンス・ダンス』から一九九二年の『ねじまき鳥クロニクル』、近年の『海辺のカフカ』、『アフターダーク』までの期間であると把握する。

（4）村上春樹・河合隼雄『村上春樹、河合隼雄に会いにいく』第一夜「『物語』で人間は何を癒すのか」岩波書店、一九九六年一二月五日、七五ページ。

（5）村上春樹「メイキング・オブ・『ねじまき鳥クロニクル』」『新潮』第九二巻一一号、新潮社、一九九九五年一一月。

（6）柴田元幸「村上春樹の世界」、「山羊さん郵便みたいに迷路化した世界の中で―小説の可能性―」『ユリイカ』臨時増刊第二一巻第八号、青土社、一九八九年六月、一五ページ。

（7）「言葉という激しい武器　村上春樹と大鋸一正のメール」『ユリイカ』三月臨時増刊「村上春樹を読む」青土社、二〇〇〇年三月二五日、一三ページ。

（8）村上春樹「メイキング・オブ・『ねじまき鳥クロニクル』」『新潮』第九二巻一一号、新潮社、一九九五年一一月。

（9）村上春樹「メイキング・オブ・『ねじまき鳥クロニクル』」『新潮』第九二巻一一号、新潮社、一九九五年一一月。

（10）黒古一夫『村上春樹「喪失」の物語から「転換」の物語へ』勉誠出版、二〇〇七年一〇月二五日。

（11）ノモンハン事件は、一九三九年（昭和一四年）五月一一日、外蒙古（モンゴル人民共和国）軍の騎兵約五〇名が国境を越境し満州国に侵入、満州国軍がこれを撃退したことから勃発した（日本軍が謀略的に越境、挑発して事件を引き起こしたという見方もある）。満州国軍の後に日本軍がいて、外蒙古軍の後にソ連軍がいることは公然の事実で、満州国は日本の、外蒙古はソ連の傀儡国家であったことはいうまでもない。つまり、これは実質的に日ソ両軍の衝突事件だったのである。

（12）『週刊文春』一九九四年三月一七日、文藝春秋。

（13）村上春樹はノモンハンでの体験を会談でこう語った。

「モンゴルの軍人に頼んで、昔のノモンハンの戦場跡に連れて行ってもらった。そこは砂漠の真ん中で、ほとんどだれも行ったことがないところで、全部戦争の時そのままに残っているんですよ。戦車、砲弾、飯盒とか水筒とか、ほんとうにこのまえ戦闘が終わったばっかりみたいに残っている、僕はほんとうにびっくりしました。」

村上春樹・河合隼雄『村上春樹、河合準雄に会いにいく』第二夜「無意識を掘る〝からだ〟と〝こころ〟」岩波書店、一九九六年一二月五日、一五五ページ。
(14) 村上春樹「メイキング・オブ・『ねじまき鳥クロニクル』」『新潮』第九二巻一一号、新潮社、一九九五年一一月。
(15) 参考文献リスト
「ノモンハン美談録」忠霊顕彰会　新京　満洲図書株式会社　昭和一七年
「ノモンハン空戦記　ソ連空将の回想」ア・べ・ポロジェイキン林克也・太田多耕訳　弘文堂　昭和三九年
「ノモンハソ戦人間の記録」御田重宝　現代史出版会　発売徳間書店　昭和五二年
「ノモンハン戦記」小沢親光　新人物往来社　昭和四九年
「静かなノモンハン」伊藤桂一　講談社文庫　昭和六三年
「私と満州国」武藤富男　文芸春秋　昭和六三年
「日本軍隊用語集」寺田近男　立風書房　平成四年
「ノモンハン上下　草原の日ソ戦―一九三九」アルヴィン・D・クックス　岩崎俊夫・吉本晋一郎訳
秦郁彦監修　朝日新聞社　平成一年
「満州帝国Ⅰ・Ⅱ・Ⅲ」児島穣　文馨春秋　文春文庫　昭和五八年
(16) 勝又浩「静かさの底にあるもの」『静かなノモンハン』講談社文庫、二〇〇五年七月一〇日。
(17) 小川真吉「ノモンハン戦記」昭和戦争文学全集編集委員会編『戦火満州に挙がる　昭和戦争文学全集二』集英社、一九六四年一一月、四五二ページ。
(18) 永江朗「初めての人にも分かるハルキ文学の魅力と謎―'90年〜'00年の村上春樹」『IN POCKET』二〇〇二年一二月号、講談社、一一ページ。

(19)「村上春樹：変化を語る」『朝日新聞』一九九七年六月五日付。
(20)「自分を揺さぶり、世界とかかわり」『読売新聞』一九九六年一二月五日付。
(21) 村上春樹・河合準雄『村上春樹、河合準雄に会いにいく』第一夜「「物語」で人間は何を癒すのか」岩波書店、一九九六年一二月五日、一二～一三ページ。
(22) 一九八六～八八年を主に海外での執筆生活で過ごし、九一～九五年はアメリカ在住が続いていたが、九五年七月に帰国し、再び日本を拠点とするようになる。
(23) 村上春樹「メイキング・オブ・『ねじまき鳥クロニクル』」『新潮』第九二巻一一号、新潮社、一九九五年一一月。
(24) 川村湊『村上春樹をどう読むか』作品社、二〇〇六年一二月一〇日、六六ページ。
(25)「村上春樹　ノンフィクションを語る（下）」『毎日新聞』一九九七年五月一五日付。
(26)「村上春樹『ねじまき鳥クロニクル』試論」『日本文学』第四七巻第六号、一九九八年六月一〇日。
(27) 加藤典洋『群像　日本の作家二六』小学館、一九九七年五月二〇日。
(28) 加藤弘一「ムラカミ　ムラカミ―文字の暴力」『群像』第五五巻第一二号、新潮社、二〇〇〇年一二月。
(29)「『ねじまき鳥クロニクル』論」重岡徹『国語と国文学』一九九六年八月。
評論により、岡田トオルがあちらの世界とこちらの世界〈壁を通り抜ける〉（二の八）ときについた右頬の〈あざ〉について。第二部までにおいてはその意味は若干わかりにくいが、第三部を読めば、それは岡田亨の戦いへの意志と連動して発熱しているようだ（三の三・四・九）。悪に手を染めざるをえないことを覚悟で戦いの現場に臨む決意を固めたとき、あざは発熱するのである。
(30)「隔絶された場所と時間」『京都新聞』二〇〇八年七月四日付。

（邢霊君）

第4章　中日比較の視点からみた日本の昔話の不合理性

――「花咲爺」と「猿蟹合戦」を例にして――

はじめに

昔話とは口承文芸の一種で、昔の出来事を想起して作られた話ではあるが、必ずしも実際に起こった出来事に基づいている必要はない。具体的な事物を踏まえた伝説と異なって、創作された内容であってもいい。むしろ、この創作された話の方が多い。だからといって昔話はいにしえの人が勝手気ままに創作したものだとはいえない。その中には、それを作り出し、伝えてきた人々の価値観、理想像などが託されているからである。他民族から伝えられた話、とくに口伝によりもたらされた話が人々に受け入れられるためには、必ず受け入れた民族の審美観、価値観に合うように作り替えられなければならず、そのようにしてはじめて受け入れ国でも喜ばれ、長きに亘り物語としての命を保つことができるのであろう。

日本の昔話の多くは中国にその出典を見いだすことができる。もちろん、さらに源を辿ればインドまで遡ることができるものもあるが、本章は中日両国間に論点を絞って研究するもので、必ずしも物語の淵源を探究するものではない。そのためインドについて言及することはしない。本章は比較文学の理論、とくに影響比較法を用いて、日本の昔話である「花咲爺」と「猿蟹合戦」をテキストにして、中国の同種類の昔話と比較することによって、その共通点と相違点を明らかにし、その上で、その相違が生まれた文化的、社会的背景を探ってみたい。

影響比較は対比比較と違って、認識論からいえば実証的なものであり、方法論からいえば考証的なものであるといえる。このような方法で、日本の昔話と外国の昔話を比較して研究する学者は多い。まず筆頭に挙げられるのは、北京大学の故・季羡林教授と華中師範大学の劉守華教授である。季はその著書『比較文学与民間文学』の中で、中国の昔話と外国の昔話をいろいろな角度から比較しているが、それは主として中国の民話とインドの民話の比較であり、とくに、インドの「パンチャタントラ」という大昔の本に、中国の昔話の源を探り出そうとする研究内容である。劉は『比較故事学』という大作を著している。この本の下巻には「中国与日本民間故事比較」という一章がある。この章では「カチカチ山」、「古屋の漏り」、「花咲爺」、「こぶとりじいさん」などを挙げて論じているが、中心は「姥捨山」と中国の「闘鼠記」をめぐる議論であり、そのほかの昔話については中国の昔話とのつながりを指摘するにとどめている。筆者も住友財団の研究助成を受けて、一九九六年に吉林大学出版社より『中日民間故事比較研究』という専門書を出している。しかし、すでに出版から二〇年を経っており、筆者の研究の進展によりあたらしい発見があったため、あらためてこのテーマを選んで本章を執筆したのである。筆者は前著における昔話そのものの比較研究とは異なり、本章では昔話を民族文化という大きな背景の中において比較研究をおこなうものである。

昔話を研究する日本人の学者といえば、まず挙げられるのは河合隼雄であり、彼は『昔話と日本人の心』という大作で、日本人の民族心理という視点から昔話の文化を深く掘りさげて研究している。筆者もこの本から大いにヒントを得ている。しかし、この本は中国との比較についてはまったくふれられていない。野村純一郎の『昔話の森』という著書は中国の話についても多少触れているが、この本の狙いはそれぞれの昔話の起源に迫ることで、「桃太郎」から「百物語」までの昔話はどのように生まれ、どのように語り継がれてきたのかを、逐一詳しく調査・研究している。中国などの昔話とのつながりを専門的に研究して、書籍として著されたものとしては、伊藤清司の『昔話、伝説の系譜、東アジアの比較説話学』（第一書房）がある。三章からなる三〇〇ページ以上もあるこの大作は、昔話の比較もしているが、東アジア各地方の民俗活動や年中行事、生活様式の関連性を昔話に結びつけて論じているのが大きな特色となっている。伊藤の著書は、日本の昔話を網羅的に研究していて、とくに「花咲爺」という話をいろいろな角度から研究し、結論を引き出している。結論として伊藤は、「花咲爺」と中国の「狗耕田」をそれぞれ「隣人葛藤型」（日本）と「兄弟型」（中国）に分類して、それが家族財産の相続制度と関係があると指摘した。しかし相続制度と生産発展段階との関係にはふれていない。また「花咲爺」が枯れた桜に灰を撒くことの原型を中国西南地方の焼畑雑穀栽培に求めている。この点は、筆者も認めるものの、伊藤の研究は未だ不十分だといわざるをえない。なお、「猿蟹合戦」について、伊藤は中国の話と比較するだけでなく、東南アジアにある類似の話とも比較している。しかし、日本の「猿蟹合戦」に存在する不合理性とその原因についてはふれていない。

本章で研究する昔話は、章題に示すとおり、「花咲爺」と「猿蟹合戦」である。まずテキストの比較をした。比較に用いたのは関敬吾編『日本の昔ばなし』三巻（岩波書店）、坪田譲治編『日本むかしばなし集』三巻（新潮文庫）、森林太郎・鈴木三重吉・松村武雄・馬淵冷佑編『日本お伽集』二巻（平凡社）である。また、それに加え各研究書に付録として掲載されている昔話も用いた。それらを種々比較検討した上で、「花咲爺」の原文は坪田譲治編『日本むかしばなし集』にあるものを用い、「猿蟹合戦」は森林太郎ほか編『日本お伽集』にあるものを用いることにした。「花咲爺」については、関敬吾の本には「富山県上新川郡」の昔話と書かれており、一地方の話で全国的に流布している話とは少々異なっている。また森林太郎ほかの本より坪田の本に収められている話がかなり詳しいので、坪田のテキストを採用することにした。「猿蟹合戦」については、逆に、坪田譲治のものは二ページ足らずと短く、あらすじのようなものであるのに対し、関敬吾のものは、「花咲爺」と同様に地方別に収録され、「熊本阿蘇郡」、「長崎県北高来郡」、「岩手県稗貫郡」、「鹿児島県大島郡」という同類の話が四つ掲載されている。それゆえ、本章のテキストとしては森林太郎ほか編『日本お伽集』に掲載されているテキストを使用することにした。ただしこのテキストに収められている「猿蟹合戦」の表題は「サルカニ」であり、「猿蟹合戦」ではない。しかし、ほかの本や多くの研究書はすべて「猿蟹合戦」という表題で掲載されているため、本章は大勢にしたがって「猿蟹合戦」という表題を使うことにする。

1 「花咲爺」と中国の「狗耕田」

図4－1　昔話と民間伝説の関係

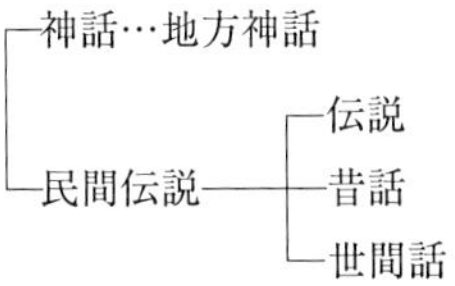

（出所）　野村純一郎『昔話の森』大修館書店、1998年、12ページ。

日本の「民話の会」の編集した『民話の発見』という本のはじめに、「民話とは民衆生活の中から生まれ、民衆によって口から口へと伝えられていった民間説話一般を指すものと理解してよいと思う[1]」と記されている。これは民話についていっているのであるが、昔話とどんな関係があるのだろうか。これを野村純一郎は、図4－1のようにまとめている。

この図をみて、昔話も民間伝説の一ジャンルであることがわかる。それならば、上記の民話の定義は昔話にもあてはまるわけである。また柳田国男は、昔話は「昔」で始まる話だといっている。「花咲爺」と「狗耕田」（犬が田を耕す）はそれぞれ日本と中国の民衆の間で伝えられている昔話であり、また後述のように「狗耕田」は中国から日本へ伝わり、日本で「花咲爺」に作りかえられている。そこでこの節では「、この二つの話について考察してみる。

まず「花咲爺」とはどんな話なのかをみてみよう。

昔、あるところに、子どもにめぐまれていない正直な老夫婦がいた。その老夫婦は捨てられた犬を拾ってきて子どものように大事に育てた。ある日、おじいさんは犬に案内されて山の深いところへ行き、犬に示された場所の土を掘ってみると、大判、小判などの宝物がたくさん出てきた。このおじいさんのとなりには欲張りじいさんが住んでいた。その欲張りじいさんはこれをみて、その犬を借りて山へ行った。そして犬に示されたところを掘ってみると、土の中からへびやむかなどがたくさん出てきた。欲張りじいさんは怒って犬を打ち殺してしまった。

正直なおじいさんは犬が埋められたところへ行って、柳の枝を土に指したが、翌日にはその柳は大きな木になった。正直なおじいさんはその木を切ってうすをつくって、そのうすでもちをついた。するとまた大判、小判などいろいろな宝物が出てきた。欲張りじいさんはまたうすを借りていって、まねをしてみた。しかし出てきたのは糞便ばかりであった。怒った欲張りじいさんはそのうすをいろりへくべて燃やしてしまった。正直なおじいさんはうすの灰を籠に入れて家へ持ち帰る途中、急に風が吹いてきて、その灰が桜の枯れ木にふりかかった。するとふしぎなことに枯れ木の枝のあちらこちらに美しい花が咲いた。そこで正直なおじいさんは灰をまいてたくさんの花を咲かせた。ちょうどそこへ殿様の行列が通りかかり、正直なおじいさんは殿様から「日本一の花咲爺」とほめられ、ご褒美にお金をたくさんもらった。そして、欲張りじいさんはまた同じまねをしてみたが、大失敗して、さんざん殴られた(2)。


伊藤清司はこの話の原型は中国の西南地方の雲（雲南）貴（貴州）高原にあると指摘し、中国西南地方にある「狗耕田」という昔話がその原型だとしている。伊藤は、日本の「花咲爺」と中国の「狗耕田」の間にいくつかの異なる要素はあるが、基本的には同一系譜の話であると論じている。伊藤は次のようにいっている。

物語のなかの真の主人公である犬の登場、その犬のおこなう勧善懲悪的な奇跡（その奇跡を生前、死後にわたってなされる）。

殺された犬を埋めた後から植物が生え、それがまた奇跡を生む、という内容であり、その基本的な一致からみて、「花咲爺」の原形は「狗耕田」を度外視して論じることはできないだろうと。伊藤清司は「狗耕田」のほかに、同じく中国西南地方にある「兄弟分家」にも着目している。この昔話は「狗耕田」と表題は違うが、内容はほぼ同じなので、一応「狗耕田」型の話で、本章でも一括して「狗耕田」として扱う。では、「狗耕田」とはどのような昔話であろうか。

昔、ある家に兄弟がいた。親が死んでから最初は一緒に暮らしていたが、まもなく家を分けることにした。兄と兄嫁は親の遺産をほとんど独占してしまって、弟には犬一匹とわずかな土地しか与えなかった。仕方のない弟は、犬に犁を曳かせて田を耕した。弟は鞭をふりあげて「打一鞭、走三千、扶扶犁走四十」(鞭一つ打てば三〇〇〇歩、犁に手をかけると四〇歩)というと、犬はほんとうに田を耕した。ちょうどその時、牛の群れを追っている商人が通りかかり、それをみてあざ笑って、「もし本当に犬が田を耕すことができるなら、これらの牛を全部やる」と弟と約束した。もちろん商人が負けて、牛は全部弟のものになった。それを妬んだ兄がその犬を借りて同じまねをしたら失敗、そこで犬を打ち殺した。弟は犬の亡き骸を埋葬し、そこに竹を植えた。竹はたちまち大きくなり、弟がその竹をゆすると、竹の上から金や銀の塊が降ってきた。兄も同じことをしたが、糞便が降ってきた。兄は怒って竹を切り倒した。弟は竹の枝で籠をつくり、軒下にかけておくと、鳥たちが飛んできて、籠の中に卵を生んだ。兄がまたその籠を借りていって自分の軒下にかけると鳥はその籠に糞をした。怒った兄は籠を燃やしてしまった。弟はその灰をもらって、それを畑の白菜に撒いた。すると白菜はすくすく育ち、大きくなった。これをみて、兄は残りの灰を自分の野菜畑に撒いたが、白菜は全部しぼんでしまった。

また、同種類の別の話では、弟は燃やした籠の灰の中から豆をみつけ、それを食べるとにおいのいい屁が出た。また別の話では、弟が灰を韮に撒くと韮が青く大きくなり、弟がその韮を食べるとにおいのいい屁が出たという(3)。

この昔話と日本の「花咲爺」のあらすじを比較してみると、まったく伊藤清司のいったとおりに、「狗耕田」は「花咲爺」の原型であるには違いない。また「狗耕田」も「兄弟分家」も中国西南部に伝わる昔話であるというのもたしかである。しかし、だからといって、「花咲爺」の原型は中国西南にあると断言するのが妥当だとはいいがたい。筆者の調べによると「狗耕田」と「兄弟分家」という二つの昔話は中国全土に分布しているだけでなく、ほぼ同じ内容で、表題の違う話も全国各地に伝わっているからである。たとえば、陳煒萍ほか編『台湾高山族伝説与風情』(福建人民出版、一九八四年)という本にある「哥哥与弟弟」も「狗耕田」型の昔話であり、しかもはっきりと台湾高山族の話だといっている。また曹保明編『中国民間故事精選』(上・下二巻、北方婦女児童出版社)にも「石榴」という話がある。これもまちがいなく「狗耕田」型の話である。

「石榴」という表題の話は上記のほかにもさまざまな本に散在している。においのいい屁が出るという結びの型はほとんどの「石榴」と題された昔話の中にある。においのいい屁がでる弟は町へ出て、その屁で金持ちの家にある衣裳をいぶすと、衣裳は虫に蝕まれなくなる。それで弟はそのにおいのいい屁を売りものにしてお金をたくさん稼いだ。それをみて兄も町へ出て同じまねをするが、便が出て、さんざん殴られたという話である。

文字のなかった時代に、この型の話がどの地方で先に生まれたかを究明することは難しい。しかし、文字資料からは「狗耕田」型の昔話が台湾を含む中国全土にあることはたしかである。どの地方から、どのルートで日本に伝わったかはっきりと限定することはむずかしいであろう。

なお、「花咲爺」と「狗耕田」型の昔話の相違についても伊藤清司はかなり詳しく述べている。それをまとめていえば、次のようになる。①「この民間説話が中国ではもっぱら兄弟葛藤型（兄弟型）、わが国では隣人葛藤型（隣の爺型）をとっている」。②犬の出現に関する部分について、中国では「親の遺産のなかのもっとも価値の少ない財物として登場するが」、実はこの犬はきわめて価値の高い存在である。③「三つ目の相違点はイヌの耕作に関する要素の有無である」。前者（日本）は「狩猟文化の要素」、後者（中国）は「焼畑雑穀栽培文化的要素」ということになる。(4)

中国の話の中の田は親から伝えられたもので、文化も先祖から伝わってきたことを象徴している。日本の話の中の犬は川から捨ってきたもので、これは日本の外から輸入された文化であることを示している。中国の「狗耕田」はいうまでもなく農耕生活を背景にしている昔話である。またこの昔話が日本に伝わった時は、日本はまだ狩猟中心の時代であったと推測できる。そのため中国では畑へ行って、人間が犬に犁を曳かせるのに対して、日本では人間は犬に案内されて山へ行くのである。

財産を平均して分けるか、兄が独占するかの相違について、中国では兄弟均分相続、日本では長子相続制が一般的であったことが主な要因であるといわれている。親の死後、兄弟が一緒に暮らせなくなり遺産を分けなければならない場合、中国では兄弟全員に平等にその遺産を分与して相続する。借金など負の遺産がある場合、負の遺産も均分して引き受けることになる。このシステムは現代でもほとんど変化していない。日本は長子相続のため、兄が弟に犬とわずかな土地を与えることは、日本人の目からみると不思議なことではないと思われる。そこで中国からこのような昔話が日本に伝わると、日本人の慣習に合うように話の内容が作りかえられることになる。つまり兄弟二人の葛藤が隣人である二人のおじいさんの葛藤に変えられたのである。こうすることではじめて日本人に喜ばれる話になるのである。このことは伊藤清司をはじめ多くの学者によって指摘されている。

もっとほりさげて考えれば、兄弟均分相続と長子相続の比較になる。中国の均分相続は兄弟間の年齢をとわず、一律平等で人情味に富んでいるように見える。しかし再生産と商業競争には向いていない。日本の長子相続、つまり遺産を一人が相続することは再生産と経営規模拡大に有利であり、また同業他者との競争にも有利であると筆者は考えている。いわば資本分散と資本集中の違いであるといえる。しかしこの分析は昔話そのものの考察とはいくぶん離れるのでこれ以上展開することは差し控えたい。

2 「猿蟹合戦」と中国の「為媽媽報仇」

「猿蟹合戦」も「花咲爺」と同じく、日本でよく知られている昔話である。ある本では「さるかに」

とも題されてるが、ここでは一括して「猿蟹合戦」とする。中国には、「猿蟹合戦」と主人公は違うが、粗筋が大変似た話がいくつもある。それはそれぞれ「鶏崽報仇」（ひよこの仇打ち）、「小鶏報仇」（鶏の子の仇打ち）、「為媽媽報仇」（母のために仇を討つ）であり、ここでは一括して「為媽媽報仇」とする。(5)

伊藤清司の調査によれば、ヨーロッパにも南アジアにもこのような話がある。しかしストーリーがずいぶん異なっている。ヨーロッパの話は「旅の途中で一緒になった卵、針、糞、臼らが老婆の家にあがりこみ、悪さを働いた末に老婆を殺す」というものである。これは動物しか登場しない中国と日本のこのタイプの話とは内容も主題も違うので、ここでは視野に入れないことにする。インドにもインドネシアにもこのようなタイプの話があるが、これも内容が異なっている。それでここでは、日本の「猿蟹合戦」と中国の「為媽媽報仇」にだけに絞って比較研究をしてみたい。

さて、「猿蟹合戦」あらすじを以下に紹介する。

ある日、蟹が猿と連れだって、猿は柿の種を拾い、蟹はおむすびを拾った。二人は拾ったものを取りかえ、猿はおむすびを食ってしまい、蟹はその種を庭にまいた。柿の木が大きくなり、たくさんの実がなる。木登りのできない蟹は猿に頼んで実を取ってもらい、自分が木の下で待つ。猿は木の上で赤くなった実を食い、青い実をもぎとって蟹をめがけて力いっぱい投げつけて、蟹は死んだ。死んだその蟹には子どもが一匹いて、親蟹のために復讐しようと決心を固める。そして栗、臼、蜂、昆布に手伝ってもらって、一緒に猿の家に行く。彼らは猿の家でそれぞれ水がめ、ひさしの上などに隠れて待機する。猿は外から帰ってくると、皆にこらしめられ、ついに猿は外へ逃げ出そうとするが、ひさしの上から落ちてきた臼に体をつぶされて、蟹にハサミで首を切られて死ぬ。(6)

日本では「猿蟹合戦」は「舌切雀」、「桃太郎」、「かちかち山」、「花咲爺」と合わせて日本五大御伽噺として広く知られている。「花咲爺」は前述したとおり、中国の「兄弟分家」から影響を受けている。「猿蟹合戦」も中国の「為媽媽報仇」と深いつながりを持っている。インドやインドネシアにあるこのような昔話より中国の「為媽媽報仇」型の昔話によく似ている。すでに述べたように、筆者は関敬吾、坪田譲治そして森林大郎ら四人が調査・収集した三つ昔話のすべてを読み、そのいずれでも敵相手は猿と蟹であり、弱者が強者に復讐するストーリーであることに気がついた。さちに復讐の方法も中国の「為媽媽報仇」に大変似ている。「為媽媽報仇」は次のような話である。

意地の悪い野猫がひよこを育てているめんどりを食ってしまった。ひよこがすこし大きくなってから野猫に復讐しようとして、縫い針、牛糞、木槌、蟹を助っ人として野猫の家に行く。野猫の家にたどりつくと、それぞれしかるべき所に待機する。ひよこがまず眠っている野猫を目覚めさせた。野猫はすぐ火鉢へ行って火種を取ろうとするが、その中にいる栗がはぜて、炭火が跳ねて野猫がやけどをする。その痛みを軽くするために野猫は水がめへ水を汲みに行くと、今度は蟹がはさみで野猫の爪を切った。痛くてたまらない野猫が腰掛けに坐ろうとすると、そこに隠れていた縫い針が野猫の尻を刺し通した。野猫があわてて外へ逃げようと走り出すと、足が敷居の所に隠れていた牛糞を踏んで転んでしまう。そこへ木槌が屋根から飛び降りて野猫の頭を叩くと、野猫はとうとう死んでしまった。(7)

中国にはまた「鶏崽報仇」、「小鶏報仇」など題した昔話がある。ストーリーは「為媽媽報仇」とほとんど同じであるが、悪役は野猫のかわりにイタチが登場したり、助っ人は縫い針のかわりに蜜蜂が登場したりする。

もちろん「猿蟹合戦」も「為媽媽報仇」も弱者が強者にいじめられ、そしてしかえすことに成功し、そのことで勧善懲悪を喧伝する話である。しかし内容から見ても中国の方は明らかに農耕生活をしている農家の縮図である。鶏は農家になくてはならない家禽であり、その鶏が野猫やイタチに襲われることは、日常茶飯事である。木槌は洗濯物を叩くのに使うものであり、栗は家の周りによく植えられる木である。牛は農家の大切な家畜なので話の中に牛糞が登場している。これらの登場メンバーを集めると、一つの典型的な農家になる。

インドの古書『パンチャタントウ』には、象が長い鼻で木の上の雀の巣を毀し、雀の子どもを皆殺ししてしまい、親雀が象へ復讐するという話がある。これは「猿蟹合戦」とストーリーがかなり違う。インドネシアのセラム(Seram)島民に伝わるのは次のような話である。

猿と亀が川のほとりで一本のバナナの木を拾った。亀はそれを陸上に運び上げ、半分にわけた。

猿は実のある上の半分を取り、亀は下の半分をもらった。二人とも自分の分の半分を土に植えたが、亀の方に実がなった。亀は猿に、木に登ってバナナを取るように頼む。猿はそのバナナを全部食べて逃げてしまう。その後、亀は自分だけの力でいろいろな方法によって猿に復讐し、猿はとうとう殺されてしまった。(8)

以上の話をまとめて比較してみると、次のようなことがわかる。日本の「猿蟹合戦」のストーリーは中国の話から影響を受けていながら、主人公設定はインドネシアの話からヒントを受けていると推測できよう。

3　二つの昔話の不合理性の検討

まず「花咲爺」を見てみよう。前述したように、主人公は人間より犬だといったほうがいい。犬は生前も死後も奇跡を起こすことによって勧善懲悪を果たす。以下では、主にこの話の中の灰の働きについて考察してみたい。灰の働きが分かれば、この話の中の牽強なところもわかるからである。なぜ野菜畑や桜の木に撒いたのが灰でなければならなかったのだろうか。これは伊藤のいうように焼畑栽培と関係があるが、筆者はそれよりも中国で現代の化学肥料が登場するまで昔から中国で行われていた耕作法との関係が密接であると考える。その耕作法は灰を堆肥として畑に撒くというものである。この耕作法は農業生産にたずさわったことのある人なら誰でも知っているが、米飯を炊くのに焼いたわらの灰は、畑に撒く肥料として使われていた。今でも地方によってはまだこの耕作法を続けている。ただ、そのまま撒くのではなく、一冬発酵させた糞便と黒土とをまぜてから畑に撒くのである。そうすることで農作物がよく成育する。魯迅は小説『故郷』の中で次のように書いている。主人公の「私」が故郷から都会へ引っ越す前、おさななじみの潤土が「私」の家に訪ねてきて、わらの灰を全部貰っていく。なぜ灰を貰うのかについて、「私」は「その灰は砂地の肥料になるのである」とわざわざ説明している。

昔話ではほとんどといっていいほど、芸術的な表現はロマンチックなものであり、表現している主題は現実的なものである。そして、どんなにロマンチックな表現であっても、それはまったく何の根拠もなく創作されたものではない。中国の「狗耕田」の中にある、灰を白菜や韮に撒くことでそれらの野菜がよく育つという話は、わらの灰を堆肥として使う実際の農作業経験に基づくものである。これに対して、日本の灰を桜の木に撒くと桜の木の花がみごとに咲くという話には無理があるのではないだろうか。畑に撒く場合、地面に撒くから野菜の上に施すことができるが、桜の木の上に撒くと風に吹き飛ばされてしまう。たとえ全部の枝におちても桜の肥料にはなるわけではない。これが筆者が考える不合理なところである。しかし、話の展開としては無理があったとしてもそのようにいいかえたのには理由があるはずである。

中国の「狗耕田」の話にある犂を引いて耕作する内容からみても、野菜畑に灰を撒くことからみても、農耕社会の生活を描写していることはあきらかである。この話が日本に伝わった時期はかなり早く、日本は狩猟時代あるいは農耕と狩猟が併存していた時代であったかもしれない。そして日本人はいにしえから桜を非常に愛しているからこそ、灰で枯れ木に花をもう一度咲かせるような話が作り出したのであろう。もちろん、日本でも灰の働きに注目した学者はいる。伊藤清司の著書では、古川のり子などの研究成果を紹介して、古川は「従来の「花咲爺」の研究で軽視され、あるいは見おとされてきた灰撒きの要素に、むしろ積極的な意味を読みとるべきだと力説した」と書いている。伊藤はまた古川の説を次のようにまとめている。「新潟県中頸城郡の伝承や富山県射水郡大島町の伝承の（正直な爺さんが）残り灰をもらって畑へ撒くと、桜の木に桜の花、梅の木に梅の花が咲くように、「ハタケに灰を撒く」という部分は、灰を肥料として重視した焼畑農耕を反映した要素であって、こうした要素を複合して、新しい段階の「花咲爺」が生まれたとしている[9]」。この部分の灰を肥料として撒くところは、むしろ中国の原型に近い。しかし、桜や梅がいっぱい咲く場所であるので、そこは畑ではなく野原だといえよう。つまり、古川の説も多少牽強だといわざるをえない。

「花咲爺」と比べて、「猿蟹合戦」の方はどうであろう。この昔話で対立する双方、つまり猿と蟹の設定自体も不合理である。中国の「為媽媽報仇」にある鶏と野猫（あるいはイタチ）の対立はこの昔話が成立した時から今日に至るまで変わることなく続いている。養鶏場はともかく、農家に飼われている鶏が野猫（またイタチ）におそわれることは、今でもよく聞くことである。しかし、蟹と猿はまったくかかわりのない存在であり、この二種類の生物を衝突させることは非常に牽強である。なお、柿は猿の大好物であっても、蟹の大好物ではない。何も命がけで猿と争うことはないのである。

猿と蟹が敵対関係にあるわけではないことは誰でも知っている。それなのになぜこのようを設定をしたのであろうか。これは前節の終わりの部分に紹介したインドネシアの「猿と亀」の伝説によるものだと思われる。大きな亀ならば、自力で復讐することができるが、小さい蟹は自力で猿に復讐することは絶対できない。集団主義の精神を保持する日本人はちょうどいい具合に中国の「為媽媽報仇」の方のストーリーを取り入れたのだと考えてもおかしくない。

それでは、日本人はなぜ中国の話のように鶏と野猫などに敵対関係を設定せず、南アジアの話のように設定して、亀を蟹にかえたのであろうか。南アジアの話が先に日本に入ったことも考えられるが、それよりも筆者は別の理由があると主張したい。中国におけるこのタイプの昔話の登場人物は、大陸の農耕生活に基づいて造型されているのに対して、日本とインドネシアは同じく海洋に囲まれた環境にあるため、海に依存する生活の特色を帯びるように造型されている。もし猿が大陸の山村文化の象徴だとすれば、亀と蟹は海洋文化の象徴だといえよう。日本の民話・伝説では、海洋文化と山岳文化が衝突した場合、最終的に優勢となったのはほとんどの場合、海洋文化の方である。これは『古事記』の海幸彦と山幸彦の記事からもわかる。しかし、海洋文化が優勢となったことを表すのに、インドネシアでそうであったように対立する当事者の一方を亀のままに設定するのではなく、なぜ蟹にしたのであろうか。それは小が大に勝つという意味を表すのに、亀よりも蟹の方がはるかに適切であったからである。つまり「猿蟹合戦」という昔話は、「為媽媽報仇」と同じく勧善懲悪型の昔話でありながら、また海洋文化が山岳文化に優越することをも表現しているのである。そのため、蟹と猿を牽強であっても、対立するキャラクターとして登場させたのであろう。

まとめ

民話・伝説というジャンルの文学は、流動性、変動性、地域性などの特徴を持っている。とくにそれが口承文芸であった場合、ある国や地域から別の国や地域へ、ある民族から別の民族へ伝承されていくのは昔も今もかわっていない。そして伝承されていく過程で、必ず何らかの変化が生じる。それは、その民話を受容する国や民族の地域文化に合致するように変化するという規則性を有している。いいかえると、外来民話や伝説を受け入れる民族の人たちは、それを自民族の価値観、審美観および生活習慣に合わせて作りかえる。そのことによってはじめてその民話や伝説は広範に流布することが可能となり、長きに亘り物語としての命を保つことができるのである。

「花咲爺」も「猿蟹合戦」も自文化を基準にして外来民話を作りかえた典型的な事例である。不合理な部分があっても、それがその民族の文化基準に合えば、その不合理を不合理と見なされないのである。このような事例はさらに列挙することができるが、他日の研究機会に譲ることにしたい。

【注】

（1）民話の会『民話の発見』大月書店、一九五六年、三ページ。
（2）坪田譲治『日本むかしばなし集（三）』新潮文庫、一九七六年、二八五～二九四、筆者要約。
（3）華明園『中国民間故事選』吉林教育出版社、一九九四年、八一～八五ページ、筆者要約。
（4）伊藤清司『昔話・伝説の系譜』第一書房、一九九一年、三一～三三ページ。
（5）同上、二三〇ページ。
（6）森太郎・鈴木三重吉・松村武雄・馬淵冷佐『日本お伽集（二）』平凡社、一九七八年、一六六～一四ページ、筆者要約。

（7）賈芝・孫剣氷『中国民間物語』人民文学出版社、一九六三年、三三六〜三四一ページ、筆者訳。

（8）伊藤清司、前掲書、一九九一年、二三三ページ、筆者要約。

（9）同上、二〇ページ。

（于長敏）

第5章　明代崇禎期の捐納について

はじめに

近世中国の社会が、膨大な人員を体系的に序列化した官僚機構を有し、世界史上稀に見る長期的な安定を実現したことは、現在、東洋史の学界に共通の認識であろう。これを可能にした大きな源は国家の財政構造とその運用の巧みさにあると考える。このような視点から、国家による売官の制度たる捐納という切り口によって具体的に研究が進められてきた。

そもそも売官とは洋の東西を問わず各地で見られる現象である。ただし、中国では明朝（一三六八～一六四四）中期以降、通常財源の一つとして捐納制度の法制化が進み、さらに清朝（一六一六～一九一二）に入ってからは盛んにおこなわれ、国家の屋台骨を支える重要な財源となった。換言すれば、捐納制度は、賄賂のように私的なあるいは不正な利を得ようとする行為や習慣などではなく、財政難を解決するための国家行為としての中央レベルでの政策である。一方、民間人は捐納制度を利用することで特権を手にし、官僚社会への参入のための新たな手段を得るようになった。したがって、捐納制度そのものを解明することは、財政史・官僚制度史・社会史を正確に理解する一助ともなろう。

このような重要性ゆえに捐納制度自体に対しては優れた先行研究がある。一九五〇年の許大齢の研究は、捐納制度の沿革、制度維持のための組織、制度の社会への影響という三つの方面から、清代の捐納を体系的に整理した画期的なものである。(1) また許氏の弟子にあたる伍躍は、その後に公開された膨大な資料、とりわけ「檔案」(原文書)を縦横に駆使し、許氏の研究を大幅に深化させ、清代捐納の具体的な手続きの復原に成功した。(2) また、王海妍は従来利用されていなかった史料を含む多くの文献を博捜し、明末を含む明代の捐納制度の推移を論じた。(3) しかし、史料の羅列が過半を占め、許氏・伍氏の研究に比較してその歴史学的意義は劣るといわざるを得ない。

以上のように、先行研究は総じて清朝を研究対象とし、明朝の捐納について述べる場合もおおむねその中期を中心とし、明末について論じられることはあまりない。しかし、後述するように、清代の捐納制度は、実は明末に整備されていたといえるため、明清交替期における捐納制度の実態を分析することは不可欠であると考えられる。したがって、本章では、先学の成果を踏まえて、明朝崇禎年間(一六二八〜一六四四)の捐納政策の内容を分析・解明し、明末の捐納が明清官僚制度史上、どのように位置づけられるかを検討する。

1 史料の紹介と捐納施行の背景

捐納ははるか昔から久しく存在し、その歴史は戦国時代に遡ることができる。最初の捐納は、『史記』によれば、秦王政四年(紀元前二四三年)被災者を救済するために、庶民に食糧を納めさせて、爵位を授けたというものである。(4) このような類例は、その後の時代にも度々現れることになった。(5) そして明代の景泰年間（一四五〇～一四五七）には、捐納が制度として登場した[6]。

前述したように、明清中国の国家ではその財政問題を解決するため、自然災害への対策や軍事行動という突発的な需要に対して、捐納が盛んにおこなわれていた。清の太祖ヌルハチは、中国東北地方の建州を統一し後金を建国した後、万暦四六年（一六一八年）、明朝に宣戦布告した。そして清の二代目の皇帝たるホンタイジは、崇禎二年（一六二九年）一〇月に、軍隊を率い長城ラインの大安口から侵入し南進してきたのである。これが世にいう「己巳虜変」（または「己巳の変」、「己巳の役」とも）であった。一一月七日には清朝は北京東方一五〇キロにある遵化県を攻略し、一二月一日には北京東方の通州、一二日には北京南方の固安県、一三日には北京東南の南海子に兵を展開し、北京を攻撃するに至った。明朝側の東北防衛の最高指揮官となったのは薊遼督師の袁崇煥で、五軍営副将の施洪謨や神機営副将の袁信らとともに各地を転戦し、北京南城の広渠門でおこなわれた戦闘では施洪謨らの奮戦により清朝側を撃退したのであった。清朝の兵はほどなく転進したが、北京城の戒厳体制は続行された。そして清朝の兵は、それ以降、崇禎三年五月まで長城以南の各地を転戦し続けたのであった。そこでは北京が攻撃されるという大事が出来するなか、兵糧の供給や軍功への褒賞、兵器製造など多くの面で金銭が必要となった。また、清朝の兵が撤兵した後、明朝は戦後復興政策を講じ、そのためにも大量の金銭が必要であった。それらの金銭を準備するのは当然ながら財政管理を司る戸部であった[7]。

己巳の変は明朝の土台を大きく動揺させることとなった。以降の一連の戦役において、明朝は袁崇煥や満桂ら多くの将兵を失っていくほか、さらに多量の金銭や物品を消耗していくこととなる。李華彦は己巳の変への対応をおこなったほぼ一年間について（崇禎二年一一月から三年一〇月までを指す）、戸部による軍需支出を計算し、銀二六二万両ほか、数十万の食糧、馬草、軍需用品を出費したことを明らかにした。[8] このような費用は当時の明朝にとって膨大な損失であり、この膨大な損失を補うため、戸部尚書畢自厳は荒地の開墾を促進し、地方の官庁へ賦役を督促するなど財政改善策を施行していくこととなる。[9] 本章で検討していく捐納制度の整備や拡大もまたこうした背景からおこなわれた政策であったのである。

畢自厳は後に、戸部尚書を務めた期間（一六二八〜一六三三）に当時の皇帝の崇禎帝へ提出した公文書をとりまとめ刊行させた。それが『度支奏議』である。その構成については、「堂稿」二〇巻、「新餉司」三六巻、「辺餉司」一一巻、「山東司」七巻、「浙江司」一巻、「湖広司」二巻、「四川司」五巻、「江西司」一巻、「広東司」一巻、「広西司」四巻、「雲南司」一七巻、「貴州司」二巻、「福建司」四巻、「山西司」二巻、「河南司」一巻、「冊庫」一巻、「陝西司」四巻となっており、あわせて一一九巻となり、凡そ一九五七本の上奏文が収められている。[10]『度支奏議』には、捐納に関する上奏文が十数本存在する。その中で、最も詳細な内容を持つのは崇禎三年四月二一日に上奏した「覆訂例款以便開納疏」（以下「開納疏」とよぶ）[11] であり、崇禎帝はその上奏すべてに賛意をあらわした。以下、「開納疏」の内容を中心として当時の捐納政策の分析をおこなっていく。

2　捐納の内容

「開納疏」には、捐納の対象、方式などに関する規定が一六条あり、その内容は大まかに官僚となるための任官資格、ポストの変更・獲得という二種類に分けることができる。それ以外にも、明代において捐納をはじめて制度化したものである国子監の学生身分の購入も、以前から引き続き明末にも普遍的におこなわれていたため、以下では（1）「官立学校の学籍」、（2）「官僚となるための任官資格」、（3）「ポストの変更・獲得」という三つのパターンについて解説していく。

（1）官立学校の学籍

官立学校には、中央の官庁の管轄下にある国子監、地方の官庁の管轄下にある府・州・県学という二種類がある。国子監は現在の国立大学に類するもので、中央官庁が主管する学校である。明朝では北京国子監と南京国子監が設置されており、国子監で学習している学生は監生[12]と呼ばれる。地方官庁により管理される学校の学生は生員と呼ばれる。通常は、国子監に入る者は地方の学校により推薦された生員、あるいは高官の子弟、または会試に落ちた挙人などであった。では、なぜ大量の金銭を費やして監生の資格を獲得しようとする富裕層が存在するのだろうか[13]。周知のように、明代の科挙制度は試験と学校という二つのシステムを結合した制度である。明朝の官僚になろうとするのならば、必ず科挙試験を受けなければならない[14]。科挙試験をうけようとしたら、必ず官立学校の入学試験に合格しなければならない。一般的には、地方学校の生員となる前に必ず県試、府試、院試という三つの段階の試験に合格しなければならない。生員たちはさらに省都で実施される郷試に合格することで、挙人の資格を獲得できる。そして、挙人たちは中央でおこなわれる会試に合格し進士となる。この段階に至ってようやく科挙受験者は高位官僚へ昇進する足がかりを得たといえる。以上のように、明朝の官僚となるためには必ずいくつかの厳しい試験を経なければならず、高位に至るためには相当に困難な道程をたどらねばならなかったのであった。

一方で、監生は生員に比べてその身分の特殊性を持っていた。それは、国家最高学府の学生であるほか、国子監生の「歴事」（官庁での見習い）制度を通じて官僚となれるというものであった。つまり監生は官僚登用のための任官資格を有している。したがって、捐納による監生資格の獲得は、一般の人々には魅力的なものとして映っており、官階への捷径であったものである。監生資格の捐納の開始は景泰年間に遡ることができる[15]。本章が注目する明末については、天啓年間に以下のような捐納がおこなわれていた。

表５－１　監生資格の捐納[16]

身分	価格（両）
廩生	120
増生	200
附生	250
青社寄学礼生	300
俊秀子弟	350

廩生は廩膳生、増生は増広生、附生は附学生であり、みな地方儒学の生員[17]をさす。廩膳生、増広生はそれぞれ、奨学金を受ける生員、普通の生員である。附学生は学籍を持っている準生員である。それに対して青社寄学礼生、俊秀子弟とは、未入学の完全な民間人を指す。つまり、捐納者の身分により支払うべき金額が異なる。しかし、「開納疏」では、畢自厳は、廩膳生を除き、他の生員などの捐監に反対していた[18]。

（２）官僚となるための任官資格

史料上には、○○官の捐納（援納）というような形で表記されている捐納は、そのポストを獲得することではなく、そのポストへの任官資格を得たということを指す。以下では、捐納者の身分に従って俊秀から検討をおこなっていく。

民間人たる俊秀は捐納によって国子監での学習資格を獲得できるほか、任官資格をも捐納できた。

表５－２　俊秀子弟援納各官例[19]

官名	品級	価格（両）
外県県丞	正八	800
主簿	正九	700
吏目	従九	600
典史	未入流	450
軍器局並両京草場大使	従九	280
巡検	従九	280
外衛所吏目	従九	280
倉場	未入流	220
駅遞	未入流	220
河泊	未入流	220
閘壩	未入流	220

表５－２にあるように、俊秀が捐納し獲得できる官位は最高で正八品となるが、そのほかのほとんどは未入流のポストである。明代の官職は九品一八級があり、従九品未満のポストが未入流に属する。[20]正八品の「県丞」は県衙門において知県に次ぐ存在であるが、知県の職務すべての補佐役となるわけではなく、あくまで県内の食糧と馬について管理するに過ぎない。[21]なお、すべての県に「県丞」や「主簿」が設置されるわけではなく、それらを置かない場合には、未入流の典史が「県丞」と「主簿」の仕事を担当する。[22]以下のように、民間人の「俊秀」は任官資格を捐納できるものの、それはあくまで高くて正八品の県丞までであり、おおむね九品あるいは未入流といった低位に留まるものであった。

次に生員について見ていく。生員は、雅称を「秀才」といい、地方儒学の学生であり、一般人たる俊秀にくらべ一段国家に近づいた存在といえ、もちろん獲得できるポストも高い。生員が任官資格を捐納するケースについて「開納疏」によれば以下のとおりである。

このケースでは捐納者の身分・官名・価格がはっきり書いてあるので、生員による任官資格の捐納については、以下の特徴を見出せる。第一は、生員の身分によって、同じポストでも価格が完全に異なることである。高い身分の生員は価格が低い。前述したとおり、廩善生は奨学金を給付される学生であり、また、増広生および附学生は定員を越えて募集された学生であり、青衣生は附学生より身分が低い学生である。[24]

表５－３　生員捐納文官[23]

官名	品級	廩膳生 価格（両）	増広生 価格（両）	附生 価格（両）	青衣生 価格（両）
文華殿中書	従七	2,670	2,740	2,810	2,850
武英殿中書	従七	2,170	2,240	2,310	2,350
営善所所正	正七	990	1,060	1,130	1,170
京府経歴	従七	990	1,060	1,130	1,170
光禄寺署丞	従七	970	1,040	1,110	1,150
宛å馬寺監正	正九	970	1,040	1,110	1,150
塩運司経歴	従七	970	1,040	1,110	1,150
州判	従七	970	1,040	1,110	1,150
按察司経歴	正七	950	1,020	1,090	1,130
州同知	従六	950	1,020	1,090	1,130
布政司正理問	従六	950	1020	1,090	1130
鴻臚寺署丞	正九	870	940	1,010	1,050
上林苑監署丞	正八	870	940	1,010	1,050
京県主簿	正八	870	940	1,010	1,050
五城副兵馬司吏目	未入流	750	820	890	930
外県県丞	正八	750	820	890	930
按察司照磨	正九	700	770	840	880
外府経歴	正八	700	770	840	880
外県主簿	正九	650	720	790	830
州吏目	従九	600	670	740	780
鴻臚寺序班	従九	460	530	600	640

第二は、たとえば「両殿中書」は従七品だが、他の従六品の「州の同知」、正七品の「営善所の所正」、従七品の「京府の経歴」などと比べて、二倍以上の高値となっているということである。「中書舎人」には中書科中書舎人、文華殿東房中書舎人、武英殿西房中書舎人、内閣制敕房中書舎人と誥敕房中書舎人がおり、朝廷の「誥敕」、「制誥」、「銀冊」、「鉄券」を掌る。[25]つまり、「中書舎人」は政権中枢

に勤務地を持つ職種であるからこそ捐納価格が高いのであろう。なお、その規定の中には「径題試職准差」なる中書舎人の姿をみることができる。これは、吏部が試職たるべき官僚のリストを題本の形式にて請願し、皇帝がその「差」を「准」したものを指す。[26]「試職」は実習の意味であり、京官は一～二年ほど試職として勤務を経たのちに同職を「実授」されるという規定があった。[27]明代には内閣の地位が前期から後期にかけて逓高していくことが知られるが、おそらくこの上昇とともに内閣の両房に勤務する中書舎人の地位もまた上昇したことであろう。中書科の中書舎人は多くが進士の出身であり、彼らはみな吏部により選抜される存在であった。[28]これら内閣や中書科の中書舎人にくらべ、「文華殿中書舎人」、「武英殿中書舎人」は明朝においては官階における重要度が相対的に低いものであったため、ここで捐納が可能な職種とされたものと推測される。

第三は、京官は地方官より価格が高いということである。たとえば、「按察司」の「経歴」、州の「同知」、「布政司」の「正理問」は、「営善所」の「所正」、京府の「経歴」、「光禄寺」の「署丞」に比べると、品級面では同じかあるいはもっと高いが、価格はかえって低い。当時の同品級の京官と外官の給料面以外での待遇格差は不明ではあるが、おそらく外官にくらべ京官のほうが都の大官への出世の糸口をつかみやすかったのであろう。

第四は、一部の官職において品級こそ低いものの価格が高いことである。こうした官職はいわゆる「肥缺」で、実入りの多いポストである。たとえば、「宛馬寺」の「監正」は九品だが、「宛馬寺」は馬政を管理する官庁であり、「監正」とは「宛馬寺」によって設立された放牧場である「牧監」の長官である。明朝は北方世界との対抗上その初期から馬政を重視しており、多くの牧場が運営されていた。

放牧馬の管理人に過ぎず品級も低い監正であったが、潤沢に予算を供給される安定したポストであったことは疑いえない。もうひとつ例を挙げよう。未入流の「五城副兵馬司」の「吏目」は地方の正八品、正九品のポストより高い。五城兵馬司は指揮や副指揮などの武官が勤めるが、吏目は文官のポストであった。いかに品級が低くとも首都の官僚として京官となるからには中書同様に比較的高価格が捐納時に必要とされたものと考えられる。

前述のとおり、監生は学生の身分を持ちながらも明朝官庁の官員へ就任できる可能性を持っていたのである。明代中期以降、監生は「挙人入監」、「貢生入監」、「選貢」、「恩貢」、「納貢」、「蔭子入監」、「官生」、「恩生」、「例監」といった経路で国子監に入ることとなった(29)。そして郷試に合格して挙人を目指すという道を選択しない場合、「監生歴事」として官庁において実習をすることとなる。監生は実習を通じて、行政能力を鍛錬するのだが、初期にはその「歴事」は任官とはあまり関係を持たなかった。その後、「升堂法」と「積分法」(30)が実施され、監生に任官資格が与えられた。升堂法、積分法は一体であり、長期学習を経た成績優秀者について国子監内の堂を遷移させ、また成績評価による分を積ませ任官に導く制度であった。しかしその繁雑を嫌ったのか、明代の後期にはその制度はほぼ形骸化していたようである。明代の後期に入ると、監生の中にも歴事を望まず直接に吏部管轄の聴選へ進む者が多くなる。畢自厳によれば天啓年間より監生が三〇両で歴事の免除を捐納しており、すでにそれは「通行久矣」であったという(31)。この三〇両とは如上の捐納価格からすればまことに些少な額である。明末に歴事制度は崩壊し従来の意味を完全に失っていたことをうかがうことができよう。

また監生が文官を加納するケースがあった。加納は「加職納銀」を指す。つまり現在の官職を基準にして金銭を支払い、上のポストを手に入れることである。[32] 加納というタームを使用していることからも、当時監生が官であるとも考えられていたことが分かる。

　このケースに出てきた監生は試験に合格して国子監へ入学した学生ではなく捐納をして入監した学生、すなわち「例監」である。「准貢」も一般的には捐納入監の学生を指すが、ここでは例監とともに並べられており、例監より地位が高いので、恐らく捐納入監の「廩膳生」のことであろう。[34]「運副」は「都転運塩使司」の「副使」のことで、従五品であり、「運判」は「都転運塩使司」の「判官」のことで、従六品である。この「都転運塩使司」は省をまたいで設置された広域の塩区の塩政を管掌する地方官庁であった。[35] 都転運塩使司は周知のように、実入りの多いポストであり、多くの捐納者を魅了した。前述の生員の捐納文官と同様に、価格が捐納者の身分と相関関係を持つ。まず、恩貢から、歳貢、准貢、例監まで、価格がだんだん高くなり、考定された監生は考定されていない監生より安い。「考定」とは監生が「歴事」をして、あるいは受験して、吏部により肩書きを与えられるという評価制度であろう。[36]

表5-4　監生加納文官[33]

身分	品級	加納運副価格（両）	加納運判価格（両）
恩貢		1,200	1,000
歳貢		1,200	1,000
准貢		1,300	1,100
監生		1,500	1,200
恩歳貢考定州同	従六		500
恩歳貢考定州判	従七		550
恩歳貢考定経歴	正七		600
恩歳貢考定県丞	正八		600
恩歳貢考定主簿	正九		700

　以上から、捐納価格には二つの要素が影響していると考えられる。第一は捐納者の身分であり、第二は捐納対象の品級の高下である。ただし出世への糸口のつかみや実入りの良さ次第で、たとえば京官と外官の間で容易に価格の高下が逆転したのであった。

表5－5　加納運副例

身分	品級	価格（両）
候選運判	正六	700
候選提挙	従五	900
候選断事	正六	1,000
候選経歴	正七	1,000
候選理問	従六	1,000
候選都事	正七	1,000
候選州同	従六	1,000
候選監正	正九	1,200
候選州判	従七	1,200

表5－6　加納運判例

身分	品級	価格（両）
恩歳貢考定州同	従六	500
考定州判	従七	550
考定経歴	正七	600
考定県丞	正八	600
考定主簿	正九	700

表5－7　加納州判例

身分	品級	価格（両）
候選京衛経歴	従七	300
已選京衛経歴	従七	220
考満京衛経歴	従七	230
考満外衛経歴	従七	400
六年考満京衛経歴	従七	130
六年考満外衛経歴	従七	300
已選府照磨	従九	400
已選府知事	正九	400
已選州吏目	従九	400
現任鳴賛	従九	300
現任序班	従九	300
已選主簿	正九	400
已選県丞	正八	200

（3）ポストの変更・獲得

上記した監生の「加納○○例」の後には、官僚身分を持つ者の則例が記されている。ここで対象とする文官とは、在任の者および待機中の「挨次選用」のものを指す[37]。

この史料に出てきた捐納者の身分は非常に複雑ではあるが、これは明代の官僚選抜制度と関係がある。史料中のタームを理解するためには、まず「候選」、「已選」、「考満」、「現任」について触れなければなるまい。「現任」は文字どおりすでに任じられて勤務する者である。「考満」は吏部が在職官僚を三年につき一回査定し、九年を経て「考満」とし昇格・降格を決める制度である[38]。「候選」は選ばれるのを待つ者である[39]。「已選」はポストをすでに得たが、まだ正式に任命されていないものである。「候選京衛経歴」と「已選京衛経歴」の価格を比べれば、「已選官」は「候選官」より低価格で州判となることができることから、「已選官」のほうが地位が上とされていたことが考えられよう。したがって、文官の捐納制度からは、捐納者がいきなり正式な任命を受けるわけではなく、「候選」から「已選」とな

表５－８　推陞未任三司首領州同等官加両殿中書併京外各官例[40]

	文華殿中書	武英殿中書	光禄寺署正	運副	提挙	光禄寺署丞	副兵馬
監正	2,000	1,500		900	900		
署丞	2,000	1,500		900			
州判	2,000	1,500		900	900		
衛経歴	2,000	1,500		900	900		
州同	1,500	1,000		600	600		
三司断事	1,500	1,000	600	600	600	350	350
三司経歴	1,500	1,000	600	600	600	350	350
三司理問	1,500	1,000	600	600	600	350	350
三司都事	1,500	1,000	600	600	600	350	350

り、その後に正式な任命を受けるという段階を踏んでいたであろうことがわかる。ここで言及した「加納運副」、「加納運判」、「加納州判」は捐納してポストを獲得したわけだが、捐納者は直ちに就任することはできず、あくまでこのポストの「候選」となったに過ぎないのであった。

また、次の使用からは、銓選の「推陞」をも捐納できるということがわかる。

これは、在任している文官が「推陞」を獲得した後に、別のポストへ改任したい場合の捐納規則である。「推陞」とは、ポストが空いたら考満を経ずに直接昇任できるという立場である[41]。両殿中書は生員が中書を捐納するときと同様、皇帝に近侍して試職するからであろうか、価格が最も高い。運副は同じく塩政系で同品の塩課提挙司提挙とともに同価格で捐納対象となっているが、直ちには就任できないからであろうか、加納運副例とくらべ相対的に廉価である。

以上分析した捐納の例では、捐納者が、相応のポストを獲得できても、直ちにそのポストに就任できるわけではなく、あくまでそのポストへの任官を待つ段階となったにすぎなかった。ただ、捐納者が直ちに就任しようとする場合の規定もあった。

表5-9　恩、歳、副榜、貢監已経考定並援納各官在部候選納銀抜選例[42]

官名	品級	価格（両）
恩歳副榜貢生考定外府判	正六	500
恩歳副榜貢生考定州同	従六	400
恩歳副榜貢生考定州判	従七	250
恩歳副榜貢生考定経歴	正七	200
恩歳副榜貢生考定県丞	正八	200
恩歳副榜貢生考定主簿	正九	180
恩歳副榜貢生考定主簿	正九	180

表5-10　已選未任倉巡駅逓閘壩等官及現在点卯願加府首領県佐弐即選例

官名	品級	価格（両）
外県県丞	正八	350
府経歴	正八	300
主簿	正九	250
照磨	従九	250
典史	未入流	200
州吏目	従九	200
外府州県税課等局大使	従九	150

この「抜選」の例によれば、歴事をして吏部に考定された上であるポストの任官資格を捐納し獲得した監生らは、さらに捐納して、候選の状態を飛ばして、直ちに吏部に任命されることができたのであろう。管見の限り、他の史料には抜選の例があまり見えないため、捐納者が必ずすぐにそのポストに就任できたのだとは断言できないが、次の「即選」の例から、明確に分かる。

「即選」の捐納については、「開納疏」には三つの種類があり、その内容に基づいて表5-10～表5-12を作成する。[43]

表5-10によれば、府の「首領官」と県の「佐貳官」[44]を捐納してそのポストへの就任を待っている捐納者は、「即選」を捐納できる。表5-11は、表5-表5-10に含まれていない北京・地方官の捐納に関するものである。「即選」の価格は任官資格の捐納と同様に「京官」か「外官」かによって上下があるようである。表5-12は、すでに捐納して「候選」となり、あるいは「考中」して「候選」となった者について、「候選」予定ポストより下位のポストを希望し、改めて捐納することによって「即選」できるという規定である。

「即選」の案を捻出したのは、当時の戸科都給事中解学龍であ

表5－11　納定京外各官在部候選不前納銀即選例

官名	品級	価格（両）
運副	正五	800
提挙	従五	800
運判	正六	600
監正	正九	550
署丞	従七	550
光禄寺署正	従六	550
副兵馬	正七	550
京府経歴	従七	550
京県県丞	正七	550
提挙	従五	550
塩運司経歴	従七	550
知事	従八	550
三司首領	正従七	550
州判	従七	300
京衛経歴	従七	300
京県主簿	正八	300
外府首領	正八	240
県佐弐	正八九	240
吏目	従九	200
典史	未入流	150
京衛経歴	従七	300
京県主簿	正八	300
外府首領	正八	240
県佐弐	正八九	240
吏目	従九	200
典史	未入流	150

表5－12　援納考中候選州県佐弐等官挨選不前願降納各官即選例

官名	品級	官名	品級	価格（両）
州判	従七	県丞	正八	250
州判	従七	主簿	正九	200
州判	従七	州吏目	従九	150
州判	従七	典史	未入流	120
県丞	正八	主簿	正九	220
県丞	正八	州吏目	従九	180
県丞	正八	典史	未入流	130
主簿	正九	州吏目	従九	150
主簿	正九	典史	未入流	130
州吏目	従九	典史	未入流	130

る。この史料によれば、解学龍は、吏部が捐納者の資格に拘泥しているので、捐納者は任官資格を獲得しても、なかなか就任できないのだと指摘し、正官（長官）については依然として資格に従ってポストを授けるが、運判・司府首領・州県佐弐などのポストについてはさらなる捐納をおこない、捐納の時期に従い、その順序によってポストを授けることを提案した[45]。

戸部尚書畢自厳は、解学龍の案に完全に賛意をあらわし、該当の任官資格を持ちながらまだ任官されていない者について、銀両をさらに加えれば直ちにそのポストを授けることを崇禎帝に提案した[46]。畢自厳は、この捐納の方式を「即選」と呼んでいた。即選の例は、やはり吏部の銓選と関わるため、崇禎帝は、戸部に対して吏部と相談せよと命令した。[47] 吏部の意見は史料上に残存していないが、畢自厳が提案したのが崇禎三年二月一二日にあり、すなわち分析している「開納疏」の規定にその「即選」の例が書いてある。つまり、戸部と吏部の相談の過程はさておき、結局は、吏部は賛成したのだといえよう。

おわりに

以上、崇禎年間の捐納の内容を解明してきた。明朝の捐納は景泰四年の捐納入監に始まる。その開始時には「廩膳生」のみ捐納入監が許され、時代が下るに従って、民間人たる俊秀も捐納できるようになった。しかし、崇禎時代に入ると、当初の状態への回帰が目指され、廩膳生にのみ捐納入監が許されるようになったのであった。それは「国子監」の綱紀粛正のためであっただろう。明代の従来の捐納は主に捐納入監のみであるが、明代も末期に入ると非常に種類が豊富となった。とくに、「即選」の捐納には注目すべきであろう。伍躍氏は、明清の捐納制度を考察する際、捐納で獲得できるのが任官資格にすぎず、すぐにはそのポストに就任できず、換言すればポストを購入することはできなかったと述べている。[48] しかし、崇禎時代の「即選」は、まさに捐納によってすぐにそのポストに就任できるようにさせる制度であったと見なせるのではないか。それは明朝滅亡の直前のことであったが、それでも当時の官僚社会への影響を見落とすことはできない。また、各種捐納の内容の豊富さから見ても、それは清代の捐納[49]にも匹敵できると考えられる。つまり、我々のよく知る清代の捐納制度は、すでに明の崇禎年間に整備されていたのだといえよう。

【注】

（1）許大齢『清代捐納制度』（燕京大学哈仏燕京学社、一九五〇年、許大齢『明清史論集』北京大学出版社、二〇〇〇年に転載）。

（2）伍躍『中国の捐納制度と社会』、京都大学学術出版会、二〇一一年。

（3）王海妍「明代捐納研究―以文捐為考察対象―」、南開大学二〇〇九年提出博士論文。

（4）司馬遷『史記』巻六「秦始皇本紀」（中華書局、一九五九年、二二四ページ）に「（秦王政四年）十月庚寅、蝗蟲從東方來、蔽天。天下疫。百姓内粟千石、拜爵一級。」とある。

（5）伍躍、前掲書「序章」（五～一一ページ）では、捐納に関する歴代の記事をまとめている。

（6）伍躍、前掲書、第一章「明代の例監と納貢」、三一～七七ページ。

（7）己巳の変における北京防衛の内容については、『崇禎長編』（巻二七～二九、崇禎二年一〇月～一二月）、畢自厳『度支奏議』（全一一九巻、上海古籍出版社、二〇〇七年）に数多く記されている。その事件の経緯や具体的な分析については曾美芳『晩明戸部的戦時財政運作―以己巳之変為中心―』（博士学位論文、国立曁南国際大学歴史研究所、二〇一三年）を参照されたい。

（8）李華彦『財之時者―戸部尚書畢自厳与晩明財税―』第六章「軍事糧餉的規劃与調度」第二節「己巳之變引発的財政政策調整」一四〇ページ、「小節」一六五ページ。

（9）李華彦『財之時者―戸部尚書畢自厳与晩明財税』「軍事糧餉的規劃与調度」第三節「戦後復原与考成法的実施」一五〇ページ。

（10）『度支奏議』に関する詳細は、拙稿「明末の財政管理について―戸部清吏司の職掌を中心として―」（『集刊東洋学』第一一四号、二〇一六年）を参照されたい。

（11）畢自厳『度支奏議』「堂稿」巻一四「覆訂例款以便開納疏」（一冊、六〇七～六一三ページ）。

（12）監生には二つの意味があり、広義には国子監のすべての学生を指し、狭義には、捐納して国子監に入った学生を指す。

（13）伍躍、前掲書、第一章「明第の例監と納貢」第一節「明代における国子監生資格捐納の実施」（三七ページ）では、景泰四年に臨清県学生員が八〇〇石の米を捐納して国子監での学習を希望したという記事を分析し、八〇〇石の穀物は少なくとも四〇〇〇畝以上の土地に課せられる一年分の賦税に相当する額であり、また彼らの家族は少なくとも官民田地の〇・三九％を占める額を有する相当な大地主であったと論証している。

（14）『明史』巻六九「選挙一」に「科挙必由学校」とある（中華書局、一九七四年、一六七五ページ）。

（15）伍躍、前掲書、第一章「明第の例監と納貢」第一節「明代における国子監生資格捐納の実施」。

（16）李起元『計部奏疏』巻一〇「山西司」「黔瘠異常窮山坐困疏」（『中国文献珍本叢書』、全国図書館文献縮微複製中心、二〇〇七年、二〇二三ページ）に「廩生納監銀一百二十両、増生納銀二百両、附生納銀二百五十両、青社寄学礼生納銀三百両、俊秀子弟納銀三百五十両」とある。

（17）『明史』巻六九「選挙一」（一六八六ページ）に「生員雖定数於国初、未幾即命増広、不拘額数。……増広既多、於是初設食廩者謂之廩膳生員、増広者謂之増広生員。及其既久、人才愈多、又於額外増取、附於諸生之末、謂之附学生員」とある。

（18）「開納疏」（一冊、六〇八ページ）に「准貢一途、初猶止許食廩年深者上納。後漸及増・附・俊秀。甚且襍流改監儒、監儒改准貢、宜禁絶、無覆開」とある。

（19）「開納疏」に「一。俊秀子弟援納各官例。納外県県丞銀八百両、主簿七百両、吏目六百両、典史四百五十両、納軍器局並両京操場大使及巡簡外衛所吏目各納銀二百八十両、納倉場、駅逓、河泊閘壩等官各納銀二百二十両、以上各款告部取結、査明納完、咨送吏部、上卯挨選」とある（一冊、六一一〜六一二ページ）。

(20)『明史』巻七二「職官一」(一七三五ページ)に「凡文官之品九、品有正従、為級一十八。不及九品曰未入流」とある。
(21)『明史』巻七五「職官四」(一八五〇ページ)に「県丞、主簿分掌糧馬、巡捕之事」とある。
(22)『明史』巻七五「職官四」(一八五〇ページ)に「典史典文移出納。如無県丞、或無主簿、則分領丞簿職」とある。
(23)「開納疏」(一冊、六一二〜六一三ページ)に「廩生加文華殿中書径題試職准差納銀二千六百七十両。武英殿中書径題試職准差納銀二千一百七十両。光禄寺署丞、苑馬寺監正、塩運司経歴、州判納銀九百七十両。鴻臚寺署丞、上林苑監署丞、京県主簿納銀八百七十両。鴻臚寺序班納銀四百六十両。按察司照磨、外府経歴納銀七百両。営善所所正、京府経歴納銀九百九十両。五城副兵馬、布政司経歴、塩課司副提挙、都司経歴、都司正所事納銀納銀九百五十両。五城兵馬司吏目、外県県丞納銀七百五十両。按察司経歴、州同知、布政司正理問納銀九百五十両。外県主簿納銀六百五十両。州吏目納銀六百両。以上各官如増広生告納、比廩生各逓加銀七十両。附生各逓加銀一百四十両、青衣生各逓加銀一百八十両」とある。
(24)兪正燮『癸巳存稿』巻八「釋社」(『続修四庫全書』一一六〇冊、二〇〇二年、七一ページ)において次のように述べられている。「学生有五等。学生亦曰廩生、一也。増広生、二也。附学生、三也。青衣附学生、四也。社学俊秀生、五也」。
(25)『明史』巻七四「職官三」(一八〇七ページ)に「中書科舎人掌書写誥敕、制誥、銀冊、鉄券等事」とある。
(26)高儀『高文端公文集』巻八「議革光禄積弊疏」(『皇明経世文編』巻三一一、中華書局、一九六二年、三二九五ページ)には「一、明規制。……其大宴常宴、或該礼部題請、或該本寺径題、倶査照往例」と見えるように、題請と径題とは同類の言葉であることが確認できる。

(27)『吏部職掌』「制誥房官」(『四庫全書存目叢書』史部第二五八冊、斉魯書社出版、一九九六年、四九ページ)に「京官試職一二年之内、准実授」とある。
(28)『明史』巻七四「職官三」に「其直両殿・両房舎人、不必由部選、自甲科・監生・生儒・布衣能書者、倶可為之」とある(一八〇九ページ)。
(29)『明史』巻六九「選挙一」(一六八三ページ)に「挙人入監、始於永樂中。……此挙、貢、蔭、例諸色監生前後始末之大凡也」とある。
(30)『明史』巻六九「選挙一」(一六七八ページ)には「六堂諸生有積分之法、司業二員分為左右、各提調三堂。凡通四書未通経者、居正義、崇志、広業。一年半以上、文理条暢者、升修道・誠心。又一年半、経史兼通、文理倶優者、乃升率性。升至率性、乃積分。其法、孟月試本経義一道、仲月試論一道、詔・誥・表・内科一道、季月試経史策一道、判語二条。毎試、文理倶優者与一分、理優文劣者与半分、紕繆者無分。歳内積八分者為及格、与出身。不及者仍坐堂肄業。如有才学超異者、奏請上裁」とある。また渡昌弘「明代国子監に於ける歴事出身法の再検討」(『東北大学東洋史論集』一一、二〇〇七年)を参照されたい。
(31)畢自厳『度支奏議』「堂稿」巻五「題覆戸科都給事中解学龍等会議疏」(一冊、二〇一ページ)に「今年援例事定歴事銀三十両、倶入納太倉、以佐軍糈、通行久矣」とある。
(32)荻生徂徠『明律国字典』(創文社、一九六六年、五八七ページ)に「加納は、加職納銀なり。やはり始の職を勤ながら、名ばかり官職を進たるを、加職と云。納銀とは、かねを出して官を授られたるなり」とある。
(33)「開納疏」に(一冊、六一〇ページ)「加納運副例。恩、歳貢加運副銀一千二百両、准貢加銀一千三百両、監生加銀一千五百両。加納運判例。恩、歳貢加運判銀一千両、准貢加銀一千一百両、監生加銀一千二百両。恩、歳貢考定州同加運判銀五百両、州判加銀五百五十両」とある。

（34）『清史稿』巻一一二「選挙七」（中華書局、一九七七年、三二四四ページ）には「監捐沿明納粟例、順治十二年、開廩生捐銀准貢例、従御史楊義請也。」とある。崇禎三年から順治一二年まではわずか二十数年に過ぎず、また清朝は明朝の多くの制度を継承しており、前述したように、廩膳生だけが捐納入監できるという記事もあった。

（35）『明史』巻七五「職官」「都転運塩使司」（一八四七ページ）に「都転運使掌塩鹽之事。同知、副判分司之。都転運塩使司凡六。曰両淮、曰両浙、曰長蘆、曰河東、曰山東、曰福建」とある。

（36）万暦『大明会典』巻二二〇「国子監」「撥歴」（中華書局、一九八九年、一〇九四ページ）に「洪武年間、監生分撥在京各衙門歴練事務。三箇月考覆引奏、勤謹者従吏部附選、仍令歴事、遇有缺官、挨次選用」とある。また、『吏部職掌』「挙監考選」（『四庫全書存目叢書』史部第二五八冊、六六〜六七ページ）に「双月大選、応考挙、貢、官、恩、粟、監生先期收巻、彌封。至日黎明、散巻、領籤侯堂考論、判各一篇。本日、當堂発落、考定資次官銜」とある。

（37）「開納疏」（一冊、六〇九〜六一〇ページ）に「一。加納運副例。恩、歳貢加運副銀一千二百両、准貢加銀一千三百両、監生加銀一千五百両。候選運判加運副銀七百両、提挙加銀九百両。候選断事、経歴、理問、都事、州同加運副例銀一千両、監正、州判、署丞、衛経歴加銀一千二百両。両殿見任序班職銜、辦事中書舍人繇監儒履歴者加運副八百両。一。加納運判例。恩、歳貢加運判銀一千両、准貢加銀一千一百両、監生加銀一千二百両。恩、歳貢考定州同加運判銀五百両、州判加銀五百五十両。経歴、県丞、加銀六百両。主簿加銀七百両。両殿見任序班職銜中書繇監儒履歴加運判銀六百五十両。一。加納州判例。候選京衛経歴改加州判銀三百両、已選減銀八十両。京衛経歴考滿加州判銀二百三十両、外衛経歴加銀四百両、如六年考滿各減銀一百両。已選府照磨、知事、州吏目加州判銀四百両。見任鳴賛、序班加州判銀三百両。已選主簿加州判銀四百両、県丞加銀二百両。以上各款俱要、査明完納、咨送吏部挨選」とある。

（38）万暦『大明会典』巻一二「考覈一」「官員」（七〇ページ）に「国家考課之法、内外官満三年為一考、六年再考、九年通考」とある。

（39）『六部成語註解』「吏部」「候選」（大安出版社、一九六二年、一一ページ）に「等候選缺的官此乃総名」とある。

（40）「開納疏」（一冊、六〇八〜六〇九ページ）に「一。推陞未任三司首領州同等官傢両殿中書併京外各官例。推陞未任三司断事、経歴、理問、都事、加文華殿中書銀一千五百両、加武英殿中書一千両、加光禄寺署正、運副、提挙各六百両、加光禄寺署丞、副兵馬各三百五十両。監正、署丞、州判、衛経歴加文華殿中書銀二千両、加武英殿中書一千五百両、加運副、提挙各九百両。州同加文華殿中書銀一千五百両、加武英殿中書一千両、加運副、提挙各六百両。以上倶要行査明白、方准送納、完日咨送吏部。中書径題試職准差、運副、提挙等官、上卯径選」とある。

（41）万暦『大明会典』巻五「推陞」（二七ページ）に「休制陞必満考、若員缺當補、不待考満者曰推陞」とある。

（42）「開納疏」（一冊、六一〇ページ）に「一。恩、歳、副榜、貢監已経考定幷援納各官在部候選納銀拔選例。恩、歳、副榜、貢生考定外府判納銀五百両、州同四百両、州判二百五十両、経歴県丞各二百両、主簿一百八十両。援納各官願加者照恩、歳貢考定例各遞加銀一百両。如恩、歳、貢生、監儒方准告納。以上倶要査明考案、完狀方准送納、完日咨送吏部准選」とある。

（43）畢自厳『度支奏議』「堂稿」巻一四「便開納疏」（一冊、六一一ページ）に「一。已選未任倉巡駅遞閘壩等官、及現在點卯願加府首領・県佐貳即選例。加外県県丞納銀三百五十両、府経歴三百両、主簿、照磨各二百五十両。典史、州吏目各二百両。加外府州県税課等局大使納銀一百五十両。一。納定京外各官在部候選不前納銀即選例。運副提挙各納銀八百両、運判六百両。監正、署丞、光禄寺署正、副兵馬、京府経歴、京県県丞、提挙塩運司経歴、知事、三司首領各納銀五百五十両。州判納銀三百両。京衛経歴、京県主簿各納銀三百両。外府首領、県佐貳各納銀二百四十両。吏目納銀二百両。典史納銀一百五十両。一。援納、考中候選州県佐貳等官挨選不前願降納各官即選例。州判降県丞納銀二百五十両、降主簿納銀二百來両、降州吏目一百五十両、降典史一百二十両。県丞降主簿納銀二百二十両、降州判吏目一百八十両、降典史一百三十両。主簿降州吏目納銀一百五十両、降典史一百三十両。州吏目降典史納銀一百三十両」とある。

(44) 万暦『大明会典』巻五「推陞」の二六・二七ページによれば、首領官は、府の経歴司の経歴、知事、府の照磨司の照磨、検校、州の吏目、県の典史を指す。佐貳官は補佐官であり正官に属し、県の県丞、主簿などがそれにあたる。

(45) 畢自厳『度支奏議』「堂稿」巻一二「酌議措餉未盡事宜疏」（一冊、五二七ページ）に「一。事例之當議也。夫該部事例行之已久、然吏部畢竟拘於資格、而各衙門効労者盈千盈萬、蠅営蟻逐。其納例各官不能先也。是以選者遅而輸者寡矣。合無凡正官照旧以資格為準、而此外援納各官、如運判、提挙、司府首領、州県佐貳、巡倉等項、倶以今疏奉旨之日、立軍典事例名目、毎官納銀若干、而以輸納之先後、為截取之先後」とある。

(46) 畢自厳『度支奏議』「酌議措餉未盡事宜疏」（一冊、五二八ページ）に「該臣等看得。……科臣又謂事例行之已久、吏部畢竟拘於資格、多為各衙門効労得之議將援納各官另立軍興事例。査照資序明註御覽冊内、以便選取、此意甚善。蓋旧行事例、有援納職銜者、有援納径選抜選者、今已漸覺積薪、人苦株守。合無另立薊遼軍興事例、無論資深年深穵年拔選、凡應選而未能遂選者、許令照依品秩銀數則例、再倍加銀両、名為即選」とある

(47) 畢自厳『度支奏議』「堂稿」巻一二「酌議措餉未盡事宜疏」（一冊、五二九ページ）に「奉聖旨。……軍興事例、仍与吏部酌議銓法、速奏」とある。

(48) 伍躍、前掲書、「序章」一九ページ。

(49) 清朝の捐納文官について、『清史稿』巻一一二「選挙七」「捐納」(三二三三ページ)に「而職官並得捐陞・改捐・降捐、捐選補各項班次、分発指省・翎銜・封典・加級・紀録。此外降革留任・離任、原銜・原資・原翎得捐復、坐補原缺。試俸・歴俸・実授・保挙・試用・離任引見・投供・験看・廻避得捐免」とある。

(時堅)

第6章　学生を中心とした質の高い学士課程教育を求めて
――中国の学士課程教育の改革動向――

はじめに

本章では、まず中国における学士課程教育改革の概要をまとめる。次にコロナ禍で二〇二〇年一月より全国一斉に始まった当時の大規模オンライン授業の様子を振り返る。最後に著者の実践している授業を例として紹介し、中国の学士課程教育改革の未来を展望する。

1　中国における学士課程教育の改革状況

一九九九年の高等教育の募集拡大を契機とし、中国の高等教育の規模が年々拡大しつつある。二〇一九年の時点で高等教育段階全体の学生数は四〇〇二万人となり、粗就学率は五一・六%に達し、大衆化段階からユニバーサル段階に入った（教育部、二〇二〇a）。多様な学生を受け入れるなか、政府は高等教育の質をどのように維持・向上させていくのかという重大な課題に直面している。

現在、様々な取り組みが行われている。特に注目されているのは、学士課程教育の質への転換である。二〇一八年六月二一日、教育部は四川省成都市で「新時代全国高等学校本科教育工作会議」を開催し、改めて学士課程教育の重要性を強調した。会議に提出された「学士課程を中心とする」（原語：「以本為本」）、「四つの回帰」（原語：「四個回帰」）[1]は、その後開始された新たな学士課程教育改革の方針となった。本章では、二〇一八年六月から二〇二一年八月まで教育部の省令を整理し、近年改革状況のポイントを取りまとめる。[2]

（1）教育理念の更新

学習者中心（Student-Centeredness）、学習成果基盤型教育（Outcome Based Education）、継続的改善（Continuous Improvement）は新たな学士課程教育改革の基本理念である。また、各省令によれば、高い水準のカリキュラム（原語：「一流課程」あるいは「金課」）は、三つの特徴を持つべきである。第一に、高度化（原語：「高階性」）、つまり、カリキュラムを通じて、知識、能力、素質を有機的に融合することができる。また、複雑な問題を解決する能力と先進的な考え方を育成することもできる。第二に、革新性（原語：「創新性」）、つまり、カリキュラムの内容は先端性と時代性を持つ、教育方法は先進性と双方向性を有する。また、学習成果は探求性と個性化を有する。第三に、挑戦力（原語：「挑戦度」）、つまり、難易度の幅をもたせるカリキュラムが求められる（呉岩、二〇一六）。

（2）学士課程の質向上

社会の発展ニーズと人材育成目標に応じて、教育内容とカリキュラム体系を最適化し、学士課程の質を向上させる動きが見られる。省令から三つの取り組みを挙げてみよう。①専門性の高い学者・教授が学士課程の基礎科目を担当する。②政府は、約一万の国家レベルの一流カリキュラム（原語：「一流課程」）と約一万の省レベルの一流カリキュラムの建設を支援する。(3) ③それぞれの関係者がインターネットを利用し、技術の進展に応じた教育の革新を促進する。

（3）大学教員の職能開発

近年、各大学は学士課程教育の充実を支える大学教員の職能開発に力を入れている。特に指摘したいのは、新任大学教員の研修制度である。新任教員全員がファカルティ・ディベロップメント（以下、FDと省略）に参加させる。教員の助手を担当し、模擬授業を行い、最後に、FD研修審査を受け、合格すれば、当該大学のFDセンターが発行する研修合格証を取得できる。合格者であれば、学士課程の授業を担当することができる。そのほか、教員業績評価での教育面の指標を重視する動きが見られる。

（4）教育方法の改善

近年、教育効果の向上を目的とする教育方法の改善が強調される。これらの教育方法は、学生の主体的、対話的、能動的な学習行動、いわゆるアクティブ・ラーニングを通じて、学生の「知識・技能」をより深めていくのが特徴がある。また、情報技術と教育内容の融合、学生の批判的な考え方の育成も求められる。アクティブ・ラーニングの種類は主に以下である。事例による学習（Case-based Teaching）、問題解決型学習（Problem-based Learning）、ピア・インストラクション（Peer Instruction）、グループ学習（Group Learning）、ミニッツペーパー（Minute Paper）、Pad Class（Presentation-Assimilation-Discussion Class、原語：「対分課堂」）、Flipped Classroom（原語：「反転授業」）。

（5）成績評価の厳格化

近年、各大学は学生の学習意欲、専門分野への興味を引き起こすことに重点を置き、プロセス評価を強化している。省令からいくつかの取り組みを挙げてみよう。まず、読書量、読解力の評価を強化する。そして、探求型学習、問題解決型学習を強化する。最後に、論文、プレゼンテーション、答弁など多面的な評価方法を導入・活用する。

（6）カリキュラム・マネジメントの厳格化

近年、各大学は制度が着実に実行されているかどうかを確認し、カリキュラム・マネジメントを厳格化している。省令からの取り組みを挙げてみよう。まず、連続三年間学士課程の授業を担当しない教授、准教授は、教員のポジションから外れる。そして、校内教育指導委員会の役割を発揮し、カリキュラムを厳しく評価して改善する。また、成績評価の基準、卒業条件を厳格化する。また、専門認定、教育評価項目の中、カリキュラム評価にウェイトを置く。

2 中国の大学におけるオンライン授業の現状

新型コロナに対応するため、二〇二〇年二月より全国の高等教育機関が一斉休校し、休校しても学習を止めない（原語：「停課不停学」）の方針に基づき、今まで最大規模のオンライン授業が始まった。当該学期の間に、全国一〇八万人の教員が一一〇万種のオンライン授業科目で一七一九万回の授業を実施。受講した学生は二二五九万人、ユーザーは延べ三五億人に達した（教育部、二〇二〇b）。

既存の二つのデータを利用し、前述の大規模オンライン授業の概況を紹介する。調査一は、「全国大学質保証機構連盟」（CIQA, Chinese Network of Internal Quality Agendes in higher education）による調査である、[4]二〇二〇年三月九日から一四日にかけて、ＣＩＱＡは「オンライン授業の現状と優れた取り組み」というタイトルの調査を実施した。八六校から総括レポートを回収した（黄文祥ほか、二〇二〇）。調査二は、アモイ大学が二〇二〇年前半期に実施した調査である。二〇二〇年三月三一日まで、三三四校、一三九九七人の大学教員、二五万六五〇四人の大学生が調査票を提出した（鄔大光・李文、二〇二〇）。

(1) オンライン授業を担当する教員

調査二によれば、新型コロナが発生する前にオンライン授業を実施したことがある大学教員は、わずか二〇・四三％である。七九・五七％の大学教員はオンライン授業の経験がなかった。しかし、今回の全国的オンライン授業が始まると、九七％の教員はそれぞれのパターンでオンライン授業を実施した。

（2） 主なオンライン授業のツール・アプリ

オンライン授業は、各高等教育機関の事情に応じてさまざまなツール・アプリを採用することができる。調査一と調査二とではツール・アプリの利用シェアについて少し違う結果が見られる。したがって、ここで各大学が主に利用しているオンライン授業のツール・アプリを整理した（表6－1を参照）。

表6－1　主なオンライン授業方式

中国語名称	英語名称	ホウムペイジ
「腾讯会议」	Tencent Meeting	https://meeting.tencent.com/
	ZOOM	https://zoom.us/
「钉钉」	Ding Talk	https://www.dingtalk.com/
「雨課堂」	Rain Classroom	https://www.yuketang.cn/
「超星学習通」	Super Star Learning	http://i.chaoxing.com/
「中国大学 MOOC」	China University MOOC	https://www.icourse163.org/
「智慧樹」	Treenity	https://www.zhihuishu.com/
「曇班課」	Blue Ink Cloud Class	https://www.mosoteach.cn/
	QQ	https://im.qq.com/index
「微信」	Wechat	https://weixin.qq.com/

図6－1　主なオンライン授業方式

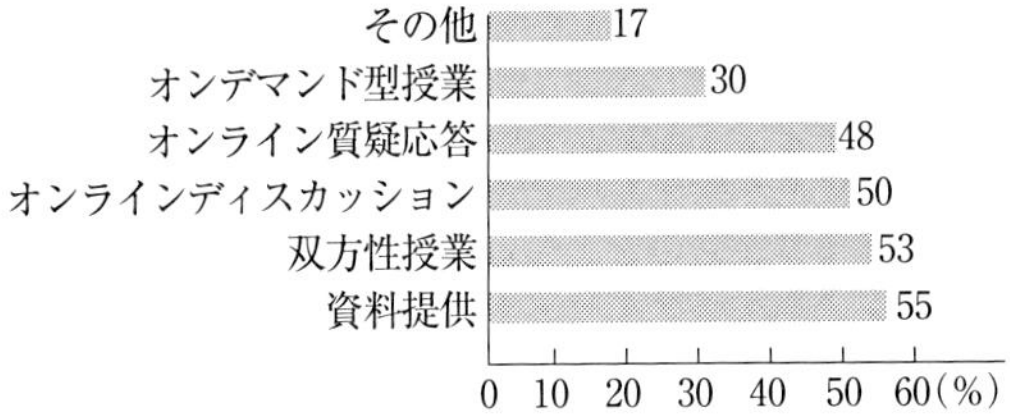

（出所）　全国大学質保証機構連盟「オンライン授業の現状と優れた取り組み」。

（3） 主な授業方式

オンライン授業方式は多様である。調査一のデータに基づき、各大学で導入している授業方式の割合は図6－1の通りである。現場では、多くの大学教員は「双方性授業[5]＋オンライン交流」、「資料提供＋オンライン指導」、「オンデマンド型授業[6]＋反転授業」等の多様なブレンド型オンライン授業を実施してきた。

表6－2　筆者が担当する授業の概要

科目名	科目の種類	履修対象	クラス規模	単位
教育学基礎	必修科目	全学（師範系学生）	約60名	2
教育研究方法	選択科目	全学（師範系学生）	60〜90名	2
国際教育改革動向	選択科目	全学（師範系学生）	60〜90名	1
日本文化と教育	選択科目	全学	60〜90名	2

3　筆者の授業の取り組み

筆者は二〇〇七年に杭州師範大学の教員となった。以来、主に全学の師範系学生を対象とする全学科目を担当してきた（表6－2を参照）。二〇一二年から一〇年連続で教員の教育業績評価[7]（原語：「本科教育工作業績考核」）優秀を取得した。以下、筆者自身の模索を基に、授業の取り組みの特色を紹介する。

（1）特色一――ICT（情報通信技術）を活用した授業―

情報通信技術を活用した教育のデジタル化が進んでいる。筆者の授業で使っている情報通信技術は主に以下のとおりである。

① 「学程」

「学程」は授業用アプリである。主な機能は出席記録の自動化、リアルタイムアンケート調査、フィードバックなどである。

②「好弾幕」

「好弾幕」はComment Screenアプリである。オンライン授業や対面授業のプレゼンテーション中に、学生がスマートフォンから投稿したコメントがスライドの右から左に流れる。リアルタイムのフィードバックを受け取れること、教師と恥ずかしがり屋の学生とのコミュニケーションを強化できること、などが利点として挙げられる。

③「腾讯会议」

「腾讯会议」はオンライン会議システムである。通常、オンライン授業で使われるが、対面授業でも活用できる。筆者の「国際教育改革動向」の対面授業で、「腾讯会议」を利用し、遠隔距離のドイツ、アメリカ、イギリス滞在のゲストを招請し、受講生のクラス発表にコメントしていただいている。

学生からのコメント：「Comment Screenは、教室の雰囲気を高め、教師との交流を深めるだけでなく、一部の学生が発言しにくい問題も解決した。」

(2) 特徴二—学生の考えを深める授業—

学生の考えを深めるには様々な方法があるが、ここで紹介するのはミニッツペーパー（Minutes Paper）(8)である。授業後、学生に授業に対する印象や疑問点などを数分程度で読める文字量で授業用アプリ「学程」(9)に入力して提出してもらう。次回の授業で、ミニッツペーパーに記載された代表的な内容をクラス全員で共有する。従来のミニッツペーパーは紙であったが、電子化した後、教員の作業負荷が削減された。

ミニッツペーパーを通じて、教員自身が自らの授業効果を確認することができる。また、学生側は授業内容を振り返ることで、より高レベルの認知能力を身につけ、意識改革を促進することができる。

学生からのコメント：「私たちは持続的なフィードバックによって時間をおいて学習内容を振り返り、確認できるようになった。」

（3）特徴三―クラスの雰囲気が良くなる授業―

クラスで教具、ゲームを使えば、クラスの雰囲気が良くなり、学生の集中力を再び高めることができる。筆者の授業で主に使う教具は、スーパーイタイワニーである。イタイワニーの歯を押すとイタイワニーが突然かみつく。かみつかれた学生が発言するようにした。もともと子ども用のおもちゃだが、Classroom Silence現象を改善する有効な武器となった。

筆者の授業で主に使うゲームはじゃんけん大会である。教員とクラス全員の学生でじゃんけんをする。教員に負けてしまった人は、じゃんけんを続けられない。最後の一人になるまでじゃんけんを続け、最後に残った人が勝ち。このようなじゃんけんゲームは、受講生の手と脳の活性化によい効果がある。

学生からのコメント：「授業中はいつも楽しい雰囲気であり、すべての学生が授業への参加度を高めることができた。」

（4）特徴四―愛情がある授業―

教員は、いつの時代にも、学生に対する教育的愛情を備えていなければならない。愛情がある授業であれば、教員と学生は仲間同士のように、学び合う授業を展開しやすくなる。「教室復帰」[10]、「授業修了式」、「授業修了式後の集合写真」などを通じて、学生に対する深い愛情をしっかり届けるように努力している。

学生からのコメント：「先生の授業を好きになった理由は、先生の魅力的な人柄にある。」

4　学士課程教育の質の転換を目指して

現在、緊急事態宣言が解除され、中国の大学では授業が再開された。大規模オンライン授業による教育経験を活かした、対面授業とオンライン教育を統合したブレンド型授業の展開も見られる。要するに、学習者を中心とする学士課程教育改革は今後、質的転換に焦点を当て、さらに進展していくと思われる。

【参考文献】

（1）教育部、二〇一六、「高等教育要做到四個〝回帰〟」、http://www.moe.gov.cn/s78/A08/moe_745/201610/t20161025_286126.html、最終閲覧二〇二一年九月一日。
（2）教育部、二〇二〇a、「二〇一九年全国教育事業発展統計公報」、http://www.moe.gov.cn/jyb_sjzl/sjzl_fztjgb/202005/t20200520_456751.html、最終閲覧二〇二一年九月一日。
（3）教育部、二〇二〇b、「我国已建成世界規模最大高等教育体系」、http://www.moe.gov.cn/fbh/live/2020/52717/mtbd/202012/t20201203_503281.html、最終閲覧二〇二一年九月一日。

（4）黄文祥ほか、「我国本科高校線上教学的質量状況、評価及建議」『中国高等教育』二〇二〇年第八期。

（5）呉岩、二〇一六、「建設中国〝金課〟：教育部高教司司長呉岩在第十一届〝中国大学教学論壇〟上的講話」、http://web.yeu.edu.cn/fazhan/gjyj/2018/1127/9991.html、二〇二一年九月一日最終閲覧。

（6）鄔大光・李文、二〇二〇、「我国高校大規模線上教学的階段性特徴」『華東師範大学学報』、二〇二〇年第七期。

【注】

（1）具体的には、①常識への回帰、つまり、努力して勉強すること、真剣に学問に取り組むことなどが常識である。大学生に対して、合理的に「負担を増やす」ことを通じて、大学生の学習意欲を高め、一人一人の学習成果の質を向上させるべきである。②本分への回帰、つまり、教育への熱意、職務への専念、教育を研究することなどは教員としての本分であるから、教員を評価する際、最も重要なのは教師が学生の良い手本となるかということである（原語：「師徳師風」）。③初心への回帰、つまり、正しい政治方向を堅持し、社会主義の建設者と後継者を育成する。④夢への回帰、つまり、大学の運営理念、組織、マネジメント、制度の革新を通じて、教育強国の夢を全力で実現させる（教育部、二〇一六）。

（2）主に参考にした省令は「教育部関与加快建設高水平本科教育全面提高人材培養能力的意見」（教高〔二〇一八〕二号）、「教育部関与深化本科教育教学改革全面提高人材培養質量的意見」（教高〔二〇一九〕六号）、「教育部関与一流本科課程建設的実施意見」（教高〔二〇一九〕八号）。http://www.moe.gov.cn/was5/web/search?channelid=239993

（3）これらの一流カリキュラムは大きく五つに分類される。第一はオンライン一流カリキュラムである（「精品MOOC」、すなわち、優れたMOOCとも呼ばれる）。第二はオフライン一流カリキュラムである。学生中心の理念に基づき、学際的、融合的（産業技術と学術理論の融合、複数の専門的能力の融合、学際プロジェクト実践の融合）などの新たなカリキュラムである。第三はオンライン・オフライン・ブレンド型一流カリキュラムである。第四はバーチャルシミュレーション実験教育一流カリキュラムである。IT、人工知能技術と実験教育を高度に融合させたカリキュラムである。第五は社会実践一流カリキュラムである。学生の専門知識の運用能力と実際問題の解決能力に重点をおくカリキュラムである。

（4）全国大学質保証機構連盟は二〇一九年六月設立、二〇二〇年六月の時点で、加盟メンバーが四〇九校になった。高等教育の質保証の促進にむけて、様々な活動を展開している。

（5）リアルタイムの映像と音声で対面授業のようなやりとりをする授業は「双方性授業タイプ」である。

（6）あらかじめ収録された授業動画を見て学ぶのは「オンデマンドタイプ」である。

（7）本校の教育業績評価は学生による授業評価の点数（七〇％）と教員個人の教育業績点数（三〇％）によって構成された。

（8）二〇〇九年東北大学滞在中、教育学部水原克敏先生の「教育学」の授業に参加し、Minutes Paperを知った。二〇一一年東北大学滞在中、高等教育開発推進センターで再びMinutes Paperの知識を身に着けた。帰国後の二〇一二年から、筆者の授業でMinutes Paper制度を導入した。

（9）例：問題一：今日の授業に対する印象を要約してください。問題二：今日の授業で疑問を持った、あるいは十分理解できていないところはどこですか。

（10）当該科目を履修したことがある学生を招き、現在の履修者のインタビューを受け、様々な質疑に対応する。

（叶林）

第7章　中国語教科書における離合詞の扱われ方についての一考察

1　中国語教育における離合詞の現状と課題

中国語においては、例えば〝留学〟という語を用い「他留过学（彼は留学歴がある）」という表現をする場合は、〝留〟と〝学〟が切り離されて使われる。〝留学〟（留学する）のような語で、前の語素が動詞で、後の語素が目的語の構造で、その間に他の語句を入れることができるものを、〝離合詞〟[1]と呼ぶ。

丸尾ほか（二〇一八）は、中国語教育における離合詞の現状と課題について次のように述べる。「外国人中国語学習者がうまく使いこなせないということは多くの中国語教員および研究者が認識しており、対外漢語教学という面も、有効な教授法・学習法の確立が望まれるところである」。張（二〇一五）は、学生が離合詞をマスターできない理由を二つ指摘している。一つは、現在使用されている多くの教科書に離合詞の紹介が含まれていないことであり、もう一つは、指導の不十分さである。中国語の教科書は、教育と学習の架け橋であり、中国語教育において極めて重要な役割を果たしている。よって、教科書の内容が合理的であるか否かは、離合詞の教育の質に直接的に影響しているだろうということは想像に難くない。「指導の不十分さ」は、教科書のあり方を変えるだけで改善される可能性がある。

本章では日本で出版され、常用されている初級・中級中国語教科書（一〇冊）を対象とし、これらの教科書における離合詞の扱われ方について分析する。この分析を通じて、今ある問題点を指摘する。さらに以上の検討を経て、教科書における離合詞の説明や練習問題の設定のしかたについて提案を試みるものである。

2 日本の教科書における離合詞に関する先行研究

この節では、日本の教科書における離合詞の先行研究を概観する。日本の教科書における離合詞の研究は管見の限り、以下の三つで、しかも部分的な言及しかないという現状である。

楊（二〇〇三）では、日本で使用されている三冊の教科書を調査したところ、離合詞における「品詞の分類方法で、それぞれの動詞の離合関係は明記しておらず、なおかつ、特段、文法項目も設けていない」と問題点が指摘されている。また、鄧（二〇一二）は勤務先で中国語の教育は「CHINESE 1」～「CHINESE 4」の四段階に分かれており、計四学期にわたって履修されている。この四学期に使用されている四冊の教科書を考察し、教科書における離合動詞の問題点について次のように指摘している。「新出単語としてCHINESE 1〜4の教材に載っている離合詞六七語（ただし、異なる語数）に対して、その拡張形の用例は合計二四箇所にすぎない上、拡張形式が単一的で、離合詞の拡張形に関する練習も見られない。全体として、離合詞に関する教授内容の不十分さが感じられる」。つまり、教材における離合詞の説明（特に拡張形式）も練習問題も不十分であることがうかがえる。

さらに、洪（二〇一七）は近年日本で出版された初級、中級テキスト計三〇冊を調べたところ、離合詞について言及していない教科書が二〇冊あり、全体の三分の二を占めていると述べている。また、離合詞を取り上げている教科書であっても、離合詞の扱われ方は様々である。離合詞の品詞やピンイン表記が統一されていないだけではなく、離合詞を一つの文法項目として取り扱っている教材もそれほど多くはないと述べている。

以上のように、日本の教科書における離合詞の検討は多いとはいえない。また、離合詞について言及していない教科書が圧倒的であるといわなければならない。

3　離合詞に関する研究対象と研究方法

(1)　研究対象

この項では、本研究の研究対象とする教科書基本情報について述べる（表7-1）。

前節で述べたように、日本で出版されている中国語の教科書では、離合詞について紹介している教

表7－1　調査対象の中国語教科書

NO.	著者	教科書名	出版社	初版と再版
1	相原茂・玄宜青	語法ルール	朝日出版社	1989年、2017年改訂新版第7刷
2	本間史・孟広学	2年目の中国語ポイント	白水社	2014年、2019年第7刷
3	絹川浩敏・胡玉華・張恒悦	新コミュニカティブ中国語　Level 2	郁文堂	2010年、2017年第11刷
4	劉穎・柴森・小澤正人	2冊目の中国語　講読クラス	白水社	2012年、2018年第17刷
5	及川淳子	2年めの伝える中国語	白水社	2019年、2019年12月第4刷
6	杉野元子・黄漢青	大学生のための初級中国語40回	白帝社	2010年、2015年第5刷
7	杉野元子・黄漢青	大学生のための中級中国語20回	白帝社	2019年初版
8	汪鴻祥	大学生会話　中国語基礎	白帝社	2019年初版
9	衛榕群・中木愛	大学漢語	白帝社	2019年初版
10	楊凱栄・張麗群	Love上海　初級中国語	朝日出版社	2015年、2017年第3刷

科書は多くはない。まず、離合詞を取り上げている教科書で以下の三点について分析する。

①新出単語リストにおける離合詞の品詞やピンイン表記。

②文法項目として取り上げられている離合詞の説明されている内容。

③教科書の離合詞における練習問題の数量と種類。

この一〇冊の教科書のうち、五冊は初級中国語の教科書で、五冊は基礎を終えた学習者を対象に作られた教科書である。一方、教科書によって、位置づけが異なるものがある。例えば、『新コミュニカティブ中国語　Level 2』は、「コミュニケーション（交流）」を中心として位置づけられている。『二冊目の中国語　講読クラス』は、四技能のうちの「読む」「書く」「話す」に重点が置かれている。また、教科書の位置づけに関して特に明示していない教科書もある。このように教科書の位置づけなどが異なることによって、離合詞の説明や練習問題の構築において何らかの相違が生じることは想定される。

（2） 研究方法

この項では、研究方法について紹介する。

①各教科書における新出単語リストにおける離合詞の品詞やピンイン表記、離合詞の数について調べる。

②多くの先行研究では、学習者にとっては、〝合〟[2]より〝離〟のほうがマスターしにくく、誤用率が高いと明らかになっている。本研究では、離合詞について、各教科書では、〝合〟の形であるか、〝離〟の形であるかについて調べる。

③各教科書の離合詞が独立した文法項目として、どのように説明されているかをまとめる。

④各教科書の離合詞における練習の類型を集計し、教科書ごとの練習の基本状況をまとめる。具体的には、それぞれの教科書において、何種類の練習があるか、どのような類型の練習が多いかなどの情報（特に拡張形式）をまとめる。

以下では、便宜的に表7－1の1～10の教科書を次のように標記する。『語法』、『ポイント』、『コミュニカティブ』、『講読』、『伝える』、『四〇回』、『二〇回』、『会話』、『漢語』、『上海』。

また、教科書によっては、本体とは別に練習冊子がある場合があるが、今回は考慮しなかった。

表7－2　各教科書の基本データ1

教科書	課数	離合詞課数	本文ページ数	文法ページ数	練習ページ数	文法項目数/課	課練習項目数/課	課練習項目数/課文法項目数
語法	20	20	1	2	2	4	5	1.25
ポイント	12	3	1	2	1	4	3	0.75
コミュニカティブ	12	4	2	1	2	4	8	2.00
講読	12	10	1	1	2	4	4	1.00
伝える	14	13	1	1	2	4	5	1.25
40回	40	25	1	2	1	3	2	0.67
20回	20	16	1	2	1	3	3	1.00
会話	20	12	1	2	3	5	5	1.00
漢語	17	12	2	2	2	4	5	1.25
上海	20	15	2	2	1	4	5	1.25
平均	17.3		1.3	1.7	1.7	3.9	4.5	1.14

4　日本の中国語教科書における離合詞の調査結果

（1）各教科書の基本データ

この項では、文法数と練習項目数について述べる。表7－2でわかるように、一〇冊の教科書は平均で一七・三課から構成されている。本文ページ数、文法ページ数、練習ページ数の比は一・三対一・七対一・七となっている。また、一〇冊の教科書における文法項目数の平均は三・九で、それに対して、練習項目数の平均は四・五である。練習項目数を文法項目数で割ると一・一五となっている。つまり、練習項目数が文法項目数よりわずかに上回っていることがわかる。

表7－2で「離合詞課数」とは、離合詞を文法項目として教科書の第何課に出ているかということを指す。これについては次項で詳しく説明する。また、離合詞は学習者の母語である日本語にも既習外国語

表7－3　文法項目として取り上げられている離合詞の課の基本データ

教科書	初級か中級か	課数	離合詞課数	本文に出ている離合詞	離合詞を文法として取り上げる課の本文の出ている離合詞の例文
語法	初級	20	20	随便	随你的便。
ポイント	中級	12	3	打工	你打过工吗？
コミュニカティブ	中級	12	4	打工	他年轻时在餐馆打过工。
講読	中級	12	10	打工	我在一家便利店打过工。
伝える	中級	14	13	打工	我以前在居酒屋打过工。
40回	初級	40	25	毕业	毕了业、你想干什么？
20回	中級	20	16	睡觉	我觉得吃点儿药、再睡会儿觉、就能好。
会話	初級	20	12	照相	咱们来照张相吧。
漢語	初級	17	12	游泳	我打算去游泳。/我能游一千米。
上海	初級	20	15	排队	咱们去排队吧。

である英語にも存在しないため、学習者にとって学習しにくい項目である。上記で述べたように、一課において、練習項目数がその課で導入されている文法項目数よりわずかに上回っていることより、離合詞の練習項目数は多くないと推測できるだろう。後の項で離合詞の練習項目数について詳しく述べる。

(2)　教科書における文法項目として取り上げられている離合詞の課について

表7－3に示すように、教科書における文法項目として取り上げられている離合詞の特徴がいくつか明らかになった。一つ目は、学習者が離合詞を容易に理解できるように、ほとんどの教科書では、中級者向けの二冊を除いて、文法項目として取り上げられている離合詞は教科書の後半に設定されている。二つ目は、教科書における文法項目として取り上げられている離合詞の課では、その課の本文に離合詞が出ている。また、本文に出ている離合詞は学生の生

活に密着したものが多数である。特に、四つの教科書では、本文に出ている離合詞は〝打工（アルバイト）〟という学習者の生活に密接している単語である。三つ目は、文法項目として取り上げられている離合詞の課の本文では（『上海』を除き）、学習者が離合詞の拡張形式を容易に理解するために、離合詞の拡張形式に触れている。

（3）各教科書の離合詞の扱われ方

この項では、各教科書の離合詞の扱われ方を中心に調べる。

表7－4では、今回の調査対象となった一〇冊の教科書の離合詞の扱われ方の基本データを示している。まず、離合詞の扱われ方について、辞書では〝留学 liú/xué〟のように品詞を示さず、ピンインに「//」をいれて、離合詞であることが示されている。では、教科書の離合詞の扱われ方についてみてみよう。教科書の新出単語表における離合詞の扱われ方について、三つのパターンが見られる。①品詞も示さず、ピンインに「//」も入れていない。②品詞を〝動詞〟と示し、ピンインに「//」を入れていない。③品詞を〝動詞〟と示し、ピンインに「//」を入れている。つまり、教科書の新出単語表における離合詞の扱われ方について、離合詞が品詞として示されている教科書は一冊もなかった。また、上記の三つの表示法はどれも学習者や教員の離合詞への注意を払う表記法になっているとは言い難い。

次に、文法項目の扱われ方について述べる。まず、一〇の教科書の共通点は離合詞の定義といくつかの例文を取り上げていることである。日本人学習者の離合詞の習得の調査をした洪（二〇一七）、張（二〇二一）では、「目的語を伴う時」に誤用が顕著であることが指摘されている。一方で、今回の調

表7－4　各教科書の基本データ2

教材名	離合詞課数	新出単語表の離合詞の扱い方	品詞表示	文法項目で使用されている名称	説明の内容	練習問題の形式
語法	20	なし	なし	【動詞＋目的語】構造の語	1）特徴。2）例文：①人称代名詞＋的の挿入（生气、随便、帮忙）、②時量の挿入（放假）、③重ね型（二音節動詞の重ね型との違いの説明。散步、跳舞、帮忙）。	1）音読し、意味を言う（2問）。2）翻訳（日本語→中国語、1問）。3）翻訳（中国語→日本語、1問）。
ポイント	3	なし	動詞	離合詞	1）例文：①“过”の挿入（聊天儿）、②“了”＋人称代名詞＋形容詞の挿入（帮忙）。2）離合詞の定義。	1）CDを聴き、漢字を書き入れ、さらに訳す（1問）。2）提示された語句を選んで入れ、さらに訳す（1問）。3）中国語に訳す（1問）。4）提示された日本語の意味になるように、中国語の語句を並び替える（2問）。
コミュニカティブ	4	なし	動詞	離合詞	1）定義。2）例文：①“合”の形（打工）、②“过”＋動量の挿入（打工）、③“了”の挿入（结婚）、④目的語を取らない（毕业、见面）。	1）置き換え練習（2問）。2）会話を完成する（1問）。3）提示された日本語の意味になるように、間違った表現を正しく直す（4問）。4）提示された日本語の意味になるように、空欄を埋めるのに最も適当な語句を①～④の中から1つ選ぶ（4問）。5）提示された日本語の意味になるように、中国語の語句を並び替える（2問）。

講読	10	なし	動詞	離合詞	1）特徴。2）例文：合と離を対照しながら、挙げている。①“过”の挿入（打工）、②“过”＋動量の挿入(见面）③“了”＋時量の挿入（开车)。	1）提示されたピンインを漢字に直し、3問中の問1と問2は本文を参考に、問3は自由に答える（3問)。2）提示された日本語を参考に、（　）内に適切な語句を入れる（1問)。3）提示された日本語を参考に、語句を並び替える（1問)。4）提示された文を読み、設問に答える。問3：下線部の中から、離合詞を見つける（1問)。
伝える	13	ピンインの間に“//”がある	動詞	離合動詞	1）特徴。2）6つの離合詞。3）例文：①“过”＋時量の挿入（见面)、②“了”＋数量の挿入(吃惊)。	1）空欄を埋め、発音する（1問)。2）提示された日本語の文に合うように、単語を並べ替える（1問)。3）翻訳（日本語→中国語、1問)。4）会話を完成する（1問：合)。
40回	25	なし	なし	離合動詞	1）例文①“了”＋時量の挿入（打工)、②“过”＋時量の挿入(留学)、③重ね型(帮忙)。2）定義・特徴・誤用例など。	1）提示された日本語を参考に、（　）内の語句を並び替える（4問)。2）CDを聞いて、質問を書き取り、その後答える（2問)。
20回	16	なし	なし	離合動詞	1）例文①“了”の挿入（打工)、②動量の挿入（洗澡、洗脸、刷牙）③“过”の挿入(打架)、④重ね型（跑步)、⑤“是……的”の挿入（起床)。2）定義・特徴・誤用例。3）離合詞の6つの単語リストおよび拡張形式など。	1）CDを聞いて、質問を書き取り、その後答える（1問)。2）提示された日本語を参考に、（　）内に適切な語句を並び替える（1問)。3）提示された日本語の意味になるように、間違った表現を正しく直す（5問)。

会話	12	なし	なし	離合動詞	1）特徴。2）例文：①“了”＋時量の挿入（聊天儿）、②“時”量の挿入（打工）、③数量詞の挿入（照相）。	1）提示されたピンインを漢字に直し、さらに日本語に訳す（1問）。2）翻訳（日本語→中国語、1問）。3）CDを聞いて、質問に答える（1問）。
漢語	12	ピンインの間に“//”がある	動詞	離合詞	1）特徴。2）例文：①“得”の挿入と誤用例（游泳）、②“过”の挿入と誤用例（游泳）、③時量・動量・距離などの挿入と誤用例（游泳）。3）定義。4）離合詞11語の紹介。5）辞書などでの表示方法。	1）提示されたピンインを漢字に直し、さらに日本語に訳す（1問）。2）中国語に訳し、ピンインを書いて発音する（1問）。3）CDを聞いて、質問に答える（2問）。
上海	15	ピンインの間に“//”がある	動詞	離合詞	1）定義。2）例文：①時量の挿入（打工）、②動量の挿入（排队）。	1）翻訳（日本語→中国語）（1問）。2）提示された日本語を参考に、語句を並び替える（1問）。

査では、一〇の教科書で二冊しか「目的語を伴う時」に言及していないことはわかった。また、丸尾ほか（二〇一八）では、外国人学習者が離合詞を認定する際に、通常、判断の基準とするのは、辞書の見出し語のピンイン表記に併用される「//」類の記号の有無であると述べられている。しかし、今回の調査では、辞書での離合詞の扱われ方について触れているのは三冊しかないと見てとれる。

最後に、離合詞の練習問題である。これについては後の項で、詳しく説明する。今回の調査では、離合詞だけのために設けられている練習問題は一冊もないとわかった。

（4）各教科書の離合詞の総数および〝離〟の形の出ている離合詞の数などについて

呂（一九九四）では、離合詞は文法項目

表7－5　各教科書の離合詞の総数および“離”の形の出ている離合詞の数

教材名	各教科書の離合詞	離合詞数	“離”で出ている数	“離”の割合
語法	帮忙、吃饭、抽烟、打雷、发芽、放假、开会、生气、睡觉、随便、说话、下课、游泳、住院、散步、跳舞、开花	17	8	47.1%
ポイント	帮忙、拜年、毕业、搬家、吃饭、打工、见面、发言、干杯、结婚、劳驾、开会、聊天儿、留学、起床、请客、上班、上课、上学、睡觉、说话、跳舞、托福、洗澡、游泳、着急、住院、努力	28	9	32.1%
コミュニカティブ	帮忙、报名、打雷、打折、堵车、发火、发言、滑冰、滑雪、回信、换钱、减肥、讲课、开学、看见、跑步、签名、缺席、跳舞、听话、中奖、做客、说话、逛街、着急、做饭、打的、约会、结婚、离婚、放假、上课、下课、见面、散步、毕业、睡觉、打工、洗澡、游泳、留学、生气、看病、唱歌、聊天儿、开车、兜风、贷款、生病、上班、中奖、发车、过年、请客、努力、考试、伤心、离开	58	15	25.9%
講読	帮助、毕业、出差、出国、打包、打工、放假、放心、逛街、见面、结婚、开车、聊天儿、留学、努力、起床、上班、上课、上网、睡觉、吸烟、游泳、照相、做梦、下课、唱歌、滑雪、聚餐	28	8	28.6%
伝える	毕业、贬值、吃惊、充电、抽烟、出差、打的、打工、打折、放心、逛街、过节、过年、积分、及格、忌口、减肥、见面、结婚、结账、进口、开车、考试、聊天儿、努力、拍照、起床、散步、杀菌、上下班、上网、着急、照相、做客、游泳、散步、留学	37	5	13.5%
40回	搬家、帮忙、毕业、吵架、抽烟、出差、打雷、担心、发烧、发言、放假、聊天儿、留学、迷路、跑步、起床、散步、上班、上课、上网、睡觉、跳舞、洗澡、下课、游泳、着急、注意、减肥、结婚、开车、开会、考试、滑雪、见面、吃饭、走路、占线	37	12	32.4%
20回	熬夜、帮忙、毕业、吵架、出差、打包、打车、打架、道歉、点菜、放假、干杯、赶上、滑冰、加班、见面、开会、开学、开业、看病、看见、免费、离婚、请客、上课、下课、滑雪、涨价	28	2	7.1%
会話	帮助、毕业、吃饭、抽烟、出国、打工、担心、放假、开车、开会、看见、聊天儿、留学、努力、起床、请假、散步、上课、上网、上学、睡觉、跳舞、洗澡、游泳、照相、失眠、唱歌儿	27	4	14.8%
漢語	帮忙、毕业、唱歌、吃饭、打工、担心、滑冰、滑雪、见面、加油、结婚、开车、起床、聊天儿、请假、请客、散步、上课、上网、上学、生气、睡觉、跳舞、下课、洗澡、游泳、照相、努力、散心、逛街	30	6	20.0%
上海	帮忙、出差、吃饭、打的、打工、放假、结婚、开车、看病、看见、留学、排队、起床、散步、说话、上课	16	2	12.5%
合計		306	71	23.2%

表7－6　各教科書における離合詞の練習問題の種類

教材名	離合詞における練習問題の形式	練習項目数	練習項目種類	練習項目数/種類	“離”の練習問題数
語法	1）音読し、意味を言う（2問：離)。2）翻訳（日本語→中国語、1問：離)。3）翻訳（中国語→日本語、1問：離)。	4	3	1.3	4
ポイント	1）CDを聴き、漢字を書き入れ、さらに日本語に訳す（1問：離)。2）提示された語句を選んで入れ、さらに日本語に訳す（1問：離)。3）中国語に訳す（1問：離)。4）提示された日本語の意味になるように、中国語の語句を並び替える（2問：離)。	5	4	1.3	5
コミュニカティブ	1）置き換え練習（2問：離)。2）会話を完成する（1問：離)。3）提示された日本語の意味になるように、間違った表現を正しく直す（4問：離)。4）提示された日本語の意味になるように、空欄を埋めるのに最も適当な語句を①～④の中から1つ選ぶ（4問：離)。5）提示された日本語の意味になるように、中国語の語句を並び替える（2問：離)。	13	5	2.6	13
講読	1）提示されたピンインを漢字に直し、問1と問2は本文を参考に、問3は自由に答える（3問。離：2問、合：1問)。2）提示された日本語を参考に、（　）内に適切な語句を入れる（1問：離)。3）提示された日本語を参考に、語句を並び替える（1問：離)。4）提示された文を読み、設問に答える（1問：離)。	6	4	1.5	5
伝える	1）空欄を埋め、発音する（1問：離)。2）提示された日本語の文に合うように、単語を並べ替える（1問：離)。3）翻訳（日本語→中国語、1問：離)。4）会話を完成する（1問：合)。	4	4	1	3
40回	1）提示された日本語を参考に、（　）内の語句を並び替える（4問：離)。2）CDを聞いて、質問を書き取り、その後答える（2問：合：2)。	6	2	3	4
20回	1）CDを聞いて、質問を書き取り、その後答える（1問：合)。2）提示された日本語を参考に、（　）内に適切な語句を並び替える（1問：離)。3）提示された日本語の意味になるように、間違った表現を正しく直す（5問：離)。	7	3	2.3	6
会話	1）提示されたピンインを漢字に直し、さらに日本語に訳す（1問：離)。2）翻訳（日本語→中国語、1問：離)。3）CDを聞いて、質問に答える（1問：合)。	3	3	1	2
漢語	1）提示されたピンインを漢字に直し、さらに日本語に訳す（1問：離)。2）中国語に訳し、ピンインを書いて発音する（1問：合)。3）CDを聞いて、質問に答える（2問：離：1問、合：1)。	4	3	1.3	2
上海	1）翻訳（日本語→中国語）（1問：離)。2）提示された日本語を参考に、語句を並び替える（1問：離)。	2	2	1	2
合計		54	33		46
平均		5.4	3.3	1.6	

として指導内容に含まれるべきであり、離合詞の拡張形式は指導において強調されるべきであると述べられている。また、周（二〇〇六）の調査から学習者にとっては離合詞の〝合〟より〝離〟つまり拡張形式の方がより誤用が多く見られ、学習しにくいことが明らかになっている。表7－5を見てわかるように、一〇冊の教科書における離合詞の総数は三〇六語であり、〝離〟つまり拡張形式で出ている語は平均で二三・二％と少ないことがわかった。さらに、拡張形式で出ている語は最も割合が高かった『語法』を調べてみると、〝離〟の八語のうち、六語は離合詞を文法項目として取り上げている第二〇課に集中して掲載されていることがわかった。他の教科書も離合詞の拡張形式で出ている語は離合詞を文法項目として取り上げている課に集中して掲載される傾向が見られる。つまり、既習離合詞の拡張形式のリピート学習の観点からいえば、取り上げ方が不十分であると見ることができる。

（5）各教科書における離合詞の練習問題の種類

これまでの調査研究によれば、離合詞の〝合〟より〝離〟のほうが習得しにくく、誤用がよくみられるため、〝離〟の練習問題を多く取り入れることが望ましい。実際に調査したところ、一〇冊の教科書における離合詞練習項目数は五四であり、うち〝離〟の練習問題数は四六で、全体の八五・二％を占めていることがわかった。つまり、各教科書において離合詞の〝離〟の練習が重視されているとわかった。

また、教科書練習項目数の平均が五・四であり、最も多いのは『コミュニカティブ』の一三問で、最も少ないのは『上海』の二問である。両者の間には実に六・五倍の差がある。さらに、一〇冊のうち、平均五・四以上の教科書は四冊で、平均以下の教科書は六冊であった。

種類で見ると、平均三・三種類で、最も多いものが『コミュニカティブ』の五種類で、最も少ないのが『上海』の二種類である。両者の間には実に二・五倍の差がある。また、「種類/課練習数」という項目を見ると、平均が一・六であることがわかる。この数字は大きければ大きいほど、教科書全体の練習形式に多様性があることを示している。例えば、『伝える』、『会話』、『上海』の場合、三冊ともに、「種類/課練習数」は一である。また、これらの教科書は、練習の種類が少ないうえに、課の内容によらず、すべて同じ練習形式をとっている。これは教科書の統一性や学生の練習問題形式への慣れという観点から妥当であると言えるが、しかし、離合詞の特殊性への配慮に欠けている。特に学生の身につきにくい点（拡張形式）や間違いやすい点（多くの離合詞の目的語が取れないなど）を配慮して練習問題の形式をデザインする必要があると思われる。

以上のように、一〇冊の教科書の練習項目数と練習項目種類などの集計結果を見ると、教科書によって、ばらつきはあるものの、全体的に練習の量と種類が多いとは言えない。

また、王（二〇一一）では、CCL[3]における二〇七の離合詞の拡張形式の例文を調査したところ、拡張形式のパターンが全く同じである離合詞はないと明らかにしている。つまり、離合詞は一つ一つ覚える必要があると思われる。しかし、上記の調査でわかるように、練習の量と種類が少ないため、練習問題に取り扱われた離合詞の数も限定されてしまう。今後、離合詞学習辞典や学習データーベースの開発が必要と思われる。

表7－7　各教科書の練習問題形式

多い順	練習形式	量	割合	割合
1	提示された日本語の文に合うように、単語を並べ替える	13	20.6%	1～4の割合66.6%
2	提示された日本語の意味になるように、間違った表現を正しく直す	9	14.3%	
3	提示された日本語を参考に、(　) 内に適切な語句を入れる	8	12.7%	
4	翻訳（日本語→中国語）	6	9.5%	
4	CD を聞いて、質問を書き取り、その後答える	6	9.5%	
5	提示されたピンインを漢字に直す	5	7.9%	5～8の割合33.4%
5	日本語に訳す	5	7.9%	
6	音読する	3	4.8%	
7	会話を完成する	2	3.2%	
7	置き換え練習	2	3.2%	
8	CD を聞いて、漢字を書き入れる	1	1.6%	
8	離合詞を文章の中から見つける	1	1.6%	
8	ピンインを書く	1	1.6%	
8	適切な語を下から選んで入れる	1	1.6%	
合計		63	100%	

(6) 各教科書の練習形式について

表7－7を見てわかるように、一〇冊の教科書における練習項目の総数は六三であり、種類はトータルで一四種類にまとめることができる。また、実際にたとえば『会話』における〝次のピンインを漢字に直し、さらに日本語に訳す〟のように一つの課題に、二つの活動があるため、筆者は〝ピンインを漢字に直す〟と〝日本語に訳す〟のように二つの練習問題としてカウントしている。このため、一〇冊の教科書における練習項目の総数は六三より少ない。また、一位から四位までの練習が全体の六六・六%を占めている。このことはどの教科書にも共通してみられる練習が多くあることを意味している。さらに、最も量が多い練習形式が「提示された日本語の文に合うように、単語を並べ替える」で一三あり、平均すると一・三であることがわかる。つまり、一課が一問となっている。

表7－8　離合詞の練習問題に取り上げられている離合詞

教材名	離合詞の練習問題に取り上げられている離合詞	練習問題の離合詞数	各教科書の総離合詞数	割合
語法	散步、放假、随便	3	17	17.6%
ポイント	帮忙、留学、住院、游泳、搬家	5	28	17.9%
コミュニカティブ	游泳、跳舞、讲课、唱歌、洗澡、睡觉、毕业、见面、离婚、散步、打工	11	58	19.0%
講読	打工、照相、放假、见面	4	28	14.2%
伝える	留学、开车，打工、点菜	4	37	10.8%
40回	放假、吵架、见面、散步、跳舞、毕业、留学	7	37	18.9%
20回	看病、离婚、见面、帮忙、上班、跳舞、吵架	7	28	25.0%
会話	照相、打工	2	27	7.4%
漢語	游泳、毕业	2	30	6.7%
上海	留学、打工	2	16	12.5%

（7）離合詞の練習問題に取り上げられている離合詞

前掲の表7－5では、各教科書に取り上げられている離合詞の総数を調べた。また、表7－8から、各教科書の離合詞の総数のうち、練習問題に含まれる離合詞の割合は、最も高い教科書では二五・〇％、最も低い教科書では六・七％しかないことがわかった。一方、丸尾ほか（二〇一八）では、「一口に離合詞と言っても、それを構成する二つの要素の性格が個別に反映されるため、離合詞という一つの範疇における文法的特徴の統一的な解釈を打ち立てるのは容易ではない。加えて、離合詞（XY）がとり得る形式……についても各語によって適用の範囲に差が見られる……このように最終的には個別の語の用法を論じることになる」と述べられている。さらに、王（二〇一一）は、CCLにおける二〇七の離合詞の拡張形式の例文を調査したところ、拡張形式のパターンが全く同じである離合詞はないと明らかにしている。つまり、離合詞は一つ一つ覚えていく必要があると思われる。したがって、離合詞の練習問題を設計する際には、できるだけ多くの離合詞を取り入れる教科書を作るべき必然性がみえてくる。

(8) 中国語教科書における離合詞の扱われ方についての現状と課題のまとめ

中国語教科書における離合詞の扱われ方についての現状と課題について以下にまとめる。

①選定されている離合詞は実用性がある。

②各教科書の本文に関する離合詞の扱われ方では〝合〟は〝離〟を上回っている。練習問題に関する離合詞の扱われ方では〝離〟の形を九割以上占めている。

③離合詞の表記は明記されていない。教師や学生の離合詞への注意を引くのに不十分である。

④離合詞の拡張形式についての紹介は限定的で、学習者が離合詞の拡張形式の共通特徴の学習や理解に不十分である原因の一つと思われる。

⑤練習問題は形式も量も多いとは言えない。

5 教科書および教授法についての提案

(1) 日本の中国語教科書の離合詞の説明についての一例

中国語初級テキスト『大学漢語』第一二課では、以下のようにB五一ページで離合詞について説明している。

上記のように、この教科書では〝くわしい解説〟と名付けているように離合詞について詳しく解説しようとしている。その解説の内容は表7－9のように示されている。その内容は（1）定義および特徴、（2）例文：①〝得〟の挿入（游泳）、②時間の長さ・回数・距離などの挿入（游泳、睡觉、见面）、③〝过〟の挿入（游泳、见面）、④誤用例、⑤名詞の挿入（生气）、⑥重ね型（散步）、（3）離合詞一一語の紹介、（4）辞書などでの表示方法となっている。一方、例えば、この教科書に紹介されている第九課の文法〝是～的〟、第一三課の文法の結果補語、第一七課の文法の〝把〟構文、方向補語、可能補語における離合詞は動詞と違っていることが紹介されていない。

（2）〝i＋1〟理論の援用

では、教科書においては、学習のどの段階で、離合詞に関わるどの文法項目を取り上げたら良いか。これまで述べたようにほとんどの日本の中国語の教科書は、内容のデザインと配置はほぼ同じである。例えば、文法を導入する場合、基本的には、①文法項目の説明、②文型、③日本語の意味、④例文というように、語用と意味、文法構造、日本語の意味と例文からなっている。ただし、離合詞は現代中国語の特殊な言語現象であり、語彙形態と構文の特性を同時に反映しているため、離合詞の文法項目の分布は比較的分散している。したがって、教科書の配置は、従来の文法の紹介方式とは異なる必要がある。離合詞は実際には動詞の一種であり、教科書の動詞に関連する文法の説明は教科書全体を網羅しているため、離合詞の説明について従来の文法の紹介で使用したデザインと配置のフォームから脱却する必要がある。

表7－9　中国語初級テキスト『大学漢語』における離合詞の説明

“游泳 yóuyǒng” は “吃饭” と同じように、【動詞＋目的語】の構造です。経験の “～过”（～したことがある）や状態補語の “～得” などは、動詞 “游” の後ろにつけます。

○他游得很快。Tā yóu de hěn kuài.　　彼は泳ぐのが速い。
×他游泳得很快。
○我没游过（泳）。wǒ méi yóuguo (yǒng).　私は泳いだことがない。
×我没游泳过。

数量、時間の長さ、回数などを加えるときも注意しましょう。
動詞＋数量詞（時間の長さ、回数、距離など）＋目的語
○游三十分钟（泳）yóu sānshí fēnzhōng (yǒng)　30分間泳ぐ
×游泳三十分钟

“游泳” のような単語は、二文字で一語のように見えても、実際は【動詞＋目的語】であり、あいだに補語や量詞などが入って離れたりくっついたりするため「離合詞」と呼ばれます。
離合詞にはほかに次のようなものがあります。

起床	qǐ chuáng	起きる	生气	shēng qì	怒る
睡觉	shuì jiào	寝る	毕业	bì yè	卒業する
散步	sàn bù	散歩する	请假	qǐng jià	休みをとる
跑步	pǎo bù	ジョギングする	结婚	jié hūn	結婚する
见面	jiàn miàn	会う	帮忙	bāngmáng	助ける、手伝う
洗澡	xǐzǎo	お風呂に入る			

・昨天睡了八个小时（觉）。Zuótiān shuìle bā ge xiǎoshí (jiào). 昨日は8時間寝た。
・我跟他见过一次（面）。Wǒ gēn tā jiànguo yícì (miàn). 彼とは1度会ったことがある。
・你生什么气？　Nǐ shēng shénme qì?　何を怒っているの？
・我们散散步吧。Wǒmen san sànbù ba　ちょっと散歩しましょう。

辞書などでは “游泳 yóu // yǒng” のようにピンインに「//」を入れて、離合詞であることが示されています。

〝i＋1〟は、白畑ほか（二〇一五）『英語教育用語辞典』では次のように説明されている。学習者の現在の言語能力レベルをiとして、そのレベルを少し超えた（プラス1）言語項目を含むインプット。学習者はプラス1にあたるインプットをコンテクストやその他の助けを借りながら理解する。このような理解のプロセスが言語習得を促進するとの指摘である。離合詞の学習においては、この〝i＋1〟を援用できると筆者は考えている。離合詞の学習の中の〝i〟は学習者が使用している教科書の既習の動詞に関わる文法である。〝1〟は離合詞の学習である。つまり、離合詞の学習内容は学習者が使用している教科書の内容に限定し、関連づけさせることによって、離合詞の習得を促進することにつながるだろう。

また、離合詞については、周（二〇〇六）の調査から、学習者にとっては離合詞の〝合〟より拡張形式の方がより誤用が多く見られ、学習しにくいことが明らかになっているため、拡張形式は教科書の離合詞と関連している文法事項に合わせて、例を挙げながらまとめる方が良いだろう。さらに、洪（二〇一七）、張（二〇二一）の調査では離合詞の「目的語のとり方」に関する学習者の誤用が顕著なことが明らかになったため、離合詞の〝合〟では、「目的語のとり方」について、多くの離合詞は目的語をとることができないことを紹介することを提案したい。

上記の教科書の問題点と先行研究を踏まえ、教科書全体の離合詞および関連する文法を教科書の動詞に関わる文法事項に合わせてリスト化し、一つのまとまりとして掲載することを提案する。これにより、教員および学習者が離合詞を学習する際の参照資料を提供できると考えられる。掲載内容は各教科書で取り扱う離合詞や文法事項によるが、以上で述べた形式で掲載することが、体系的な離合詞の学習にとって効果的と言えよう。またこのような掲載方法は、初級教科書だけでなく、中・上級の教科書に関しても同様に行うことで、難しい離合詞や文法事項の学習にも対応できると思われる。

実際の指導にあたっては、以下のような段階を踏む。まず、教員がその教科書で初めて離合詞が使われる時に、離合詞リストがあると学生に説明し、離合詞について特殊な動詞として注意を促す。そして、新しい離合詞や動詞に関わる文法事項が出るたびに学生と一緒にこの離合詞リストを確認することを提案する。また、学生に文法を説明する際に、中国語の離合詞以外の二音節動詞との違い、母語である日本語（目的語の取り方など）、日中同形異義語や既習外国語の英語との違いを、誤用例を通して理解してもらうように勧める。離合詞の用法は初級段階の多くの文法に関わっており、離合詞の確認は初級文法の復習にもなるため、一石二鳥の学習を促すことができるだろう。

また、練習問題においては、第四節で一〇冊の教科書における離合詞の練習を調査した結果、全体的に練習の量が少ないことがわかった。さらにこれまで述べたように離合詞の拡張形式や目的語を取らないことなどは学習者にとって難点であるため、これらの練習問題の量を多めに設定することを提案する。

中国語の離合詞は単語およびフレーズの性格を兼ね備えているため、教員にとっては教えにくく、学生にとっては習得しにくいと言われている。上記で述べた離合詞や離合詞に関わる文法を教科書の文法事項に合わせてリスト化して教科書に掲載することは、体系的に離合詞を学習できていないという現状の課題を解決する方法の一つと考えられるだろう。

【注】

（1）本章において「離合詞」とは、ＶＯ構造の二音節動詞を指すこととする。

（2）本章では、離合詞を構成する二つの語素の間に他の成分を挿入していない状態を〝合〟と称し、二つの語素の間に他の成分を挿入する状態を〝離〟と称する。

（3）北京大学中国語言学研究中心ＣＣＬ現代汉语语料库http://ccl.pku.edu.cn:8080/ccl_corpus/

【参考文献】

中国語教育学会（二〇〇七）「中国語初級段階学習指導ガイドライン」、http://www.jacle.org/storage/guideline.pdf（閲覧二〇二一年一〇月一一日）

鄧凌志（二〇一二）「中国語「離合詞」の教授法に関する研究」、Polyglossia: the Asia-Pacific's voice in language and language teaching, Vol. 23, pp. 139–153.

馮戰兵（二〇〇九）「對外漢語教学中的ＶＯ式〝離合詞〟」『梅光学院大学論集』四二巻、五九～六五ページ。

洪潔清（二〇一七）「日本人学習者のＶＯ式離合動詞の習得に関する一考察」『明治学院大学教養教育センター紀要』一一巻、九～二〇ページ。

吕文华（一九九四）《对外汉语教学语法探索》语文出版社。

孔子学院总部／国家汉办（二〇一四）〝国际汉语教学通用课程大纲（修订版）〟北京语言大学出版社、北京。

丸尾誠・韓濤（二〇一八）「中国語の離合詞の用法について—動詞〝留学〟をめぐる問題—」『名古屋大学人文学研究論集』第一号、一二九～一四五ページ。

白畑知彦・冨田祐一・村野井仁・若林茂則（二〇一五）『英語教育用語辞典』大修館書店。

王海峰（二〇一一）《现代汉语离合词离析形式功能研究》北京大学出版社。

楊志剛（二〇〇三）「日本語からみた常用「離合動詞」について—」『言語センター広報language studies』

第一一号、七七～八六ページ。

張立波（二〇二一）「離合詞の学習習得の一考察」『東北大学言語・文化教育センター年報』第六号、五五～五九ページ。

张铁欧（二〇一五）「日本大学生汉语学习语法实例偏误分析―以初级学习阶段为中心」、『関西大学外国語教育フォーラム』第一四号、九一～一〇五ページ。

中国社会科学院语言研究所词典编辑室编（二〇一二）《现代汉语词典（第七版）》商务印书馆。

周上之（二〇〇六）《汉语离合词研究―汉语语素、词、短语的特殊性》上海外语教育出版社。


【教科書出典】


相原茂・玄宜青『語法ルール』朝日出版社、一九八九年、二〇一七年改訂新版第七刷。

本間史・孟広学『二年めの中国語ポイント』白水社、二〇一四年、二〇一九年第七刷。

絹川浩敏・胡玉華・張恒悦『新コミュニカティブ中国語 Level 2』郁文堂、二〇一〇年、二〇一七年第一一刷。

及川淳子『二年めの伝える中国語』白水社、二〇一九年二月、二〇一九年一二月第四刷。

劉穎・柴森・小澤正人『二冊めの中国語　講読クラス』白水社、二〇一二年、二〇一八年第一七刷。

杉野元子・黄漢青『大学生のための初級中国語四〇回』白帝社、二〇一〇年、二〇一五年第五刷。

杉野元子・黄漢青『大学生のための中級中国語二〇回』白帝社、二〇一九年初版。

汪鴻祥『大学生会話　中国語基礎』白帝社、二〇一九年初版。

衛榕群・中木愛『大学漢語』白帝社、二〇一九年初版。

楊凱栄・張麗群『Love 上海　初級中国語』朝日出版社、二〇一五年、二〇一七年第三刷。


（張立波）

第8章　女性キャラクターの笑い声に関するオノマトペの日中対照研究
――日本漫画『ONE PIECE』の用例から――

はじめに

「笑い」は笑い声のみならず、顔の表情、身振りなど多くの動作を総合したものである（志水二〇〇〇）。「笑い」に関する表現には、「高笑い」「ほくそ笑む」のような描写的な言葉が多く用いられる。笑い声に関しては、それを模倣する擬音語が使われており、聴覚的に臨場感が溢れる表現として日本漫画に多用されている。また、笑い声の他にも「笑顔」や「不敵な笑み」を浮かべるときの顔の表情を表す擬態語も多用される。このような笑い声や笑い方に関する擬音語・擬態語はオノマトペの下位分類の一種として分析される。例えば、大柄な人物（主に男性）のがさつな笑い「ガハハハ」、年少者のばか笑い「ギャハハ」や「キャハハ」、驕慢な女の高笑い「ホーホッホッホ」等多様な笑いがある（隠岐二〇〇五、六五ページ）。

金水（二〇一四、一七〇～一七四ページ）では、「お嬢様」「奥様」キャラクターの笑い声として

「（オ）ホホホ」が用いられることが提示された。住田（二〇一八、一四七ページ）は金水（二〇一四）を踏まえて、「フフ」も「女性」キャラクター（以下、略、女性キャラと略す）を想起しやすく、一般的に上品で優しい女性がイメージされると述べている。また、住田はこのような笑い声に、登場人物の年齢を積極的に示唆するような特徴が現れている点にも論及している。

一方、中国語の日常会話では、「咯咯/gege」が女性の無邪気な笑い、「格格/gege」は女性の大っぴらな笑い声としてよく使われる（夏二〇一九）。このように、先行研究で「笑い」のオノマトペを分析する際、女性キャラの笑い声に着目する研究が多く、女性キャラの笑い声として使用された日本語の「ホーホッホッホ・（オ）ホホホ」と中国語の「格格・咯咯/gege」は音韻・形態的特徴を比較すると非常に異なることがわかる。

これまでの日本語における笑いのオノマトペの主な先行研究のテーマとして、日本語の古典文学における笑いのオノマトペ（飯田一九九九、二〇〇〇、中里二〇〇七など）、役割語としての笑いのオノマトペからみるキャラクターの人物像（金水二〇〇三、二〇一四など）、笑いのオノマトペのイメージに関するアンケート調査（住田二〇一八）などがあげられる。また、日中対照に関する研究は、笑う様子を表す擬態語（李二〇一四）、笑いのオノマトペの音韻・形態的特徴（夏二〇一九）などがある。一方で、漫画に用いられる女性キャラの笑い声に着目し、それらはどのような音韻・形態的な特徴があるのか、それらが他言語に翻訳される際に日本語とどのような違いがあるのかという観点からの研究は極めて少ない。

熊野（二〇一〇）は、『NARUTO』、『テニスの王子様』、『ONE PIECE』、『名探偵コナン』

のような日本の人気漫画は日本語学習への動機づけが高いと指摘している。日本の漫画では、オノマトペのバリエーションが豊富であり、オノマトペをどういった場面で使うのかのイメージがしやすいため、オノマトペ学習教材として注目される。また、他言語との対照を通して、日本語と各言語の笑いのオノマトペの相違点を整理し、その特徴を学ばせることは日本語能力の向上に寄与すると考える。

そこで、本章は世界的に人気の日本漫画『ＯＮＥ ＰＩＥＣＥ』に登場する女性キャラの笑い声とその中国語訳に焦点をあて、両言語における笑いのオノマトペの音韻・形態的な特徴を考察し、それらはどのような女性の笑い声を表しているかを明らかにすることを目的とする。第一節では、日中両言語におけるオノマトペの定義や、女性キャラと女性語の関連性などについて概観し、第二節では、データの収集方法と調査範囲、分析方法について述べる。第三節では、様々な女性キャラの笑い声を比較しながら、両言語の共通点と相違点を考察し、最後にまとめと今後の課題を述べる。

1 女性キャラクターと笑いのオノマトペに関する先行研究と問題点

（1） 日中両言語における「笑い」のオノマトペの定義

両言語の笑いのオノマトペを比較する前に、まずは「オノマトペ」という用語について説明する。外来語である「オノマトペ」は英語の「onomatopoeia（オノマタピーァ）」、およびフランス語の「onomatopée[1]（オノマトペ）」を日本語発音にしたものであり、両語とも「命名する（Making or creating names）」という意味の古代ギリシア語の *ὀνοματοποιία*（*ὄνομα* 'Name' + *ποιέω* 'I make'）に由来し、外界の音や声を写し取った言葉とされる（山口二〇一九、Vページ）。日本語では「オノマトペア」（『広辞苑　第五版』一九九八、三九二ページ）という外来語を用いる場合もある。オノマトペの定義は、日本語においては統一されていないが、田守（二〇一〇、三ページ）は『オックスフォード英語辞典』における英語のonomatopoeiaの定義に基づいて、日本語のオノマトペは人・動物の声などを表す「擬声語」と、自然界の音や物音を表す「擬音語」と状態や感情などの音を発しないものを字句で模倣した「擬態語」も含めることが一般的だと指摘している。中国語の『中国語学新辞典』（一九七四、一一ページ）の解釈によると、動物の声や自然界の音をまねたことばは「象声詞（xiàng shēng cí）」と呼ばれ、現象を視覚的、聴覚的、触覚的な面から具体的に表す言葉は「象態詞（xiàng tài cí）」と呼ばれる。これらが日本語のオノマトペに相当するものと考えられる。

「笑い」に関して、『広辞苑　第六版』（二〇〇八、三〇三六ページ）の定義を要約すると「内部の肯定的、否定的な感情を主に顔の表情などで外部に表す行為」となる。漫画や文学作品のキャラクターの笑い声として使われるオノマトペは、キャラクターが笑っている音声を直接的に文字化するものだけではなく、笑顔や笑う様態・動作が間接的・象徴的に言語化されるものも含まれている（日本語、「ハハ」「ヒヒ」、中国語、「哈哈/haha」「嘻嘻/xixi」など）。山口（二〇一九、一八八ページ）によると、絵を主体とする漫画は登場人物の細やかな心理描写が難しく、キャラクターが笑っていることはわかっても、それが心から笑っているのか、邪悪な心を隠した笑いなのか、してやったと思う笑いなのか、へつらい笑いなのかまではわからないとしている。そのため、「ニッコリ」「ニターッ」「ニンマリ」など笑っているときの表情を表現するもの、あるいは「ハハ」、「ヒヒ」、「シシ」など笑い声を描写するものを使うことで、読者に絵だけでは伝わらないキャラの気持ちや心理状態に関する情報を補足する役割があると指摘している。漫画に使われる笑いのオノマトペは必ずしも現実世界における人間の笑い声とは一致しないが、フィクションの世界において、様々な笑い声を用いることでキャラの心情を誇張し、強い臨場感を生み出す効果があると考えられる。

以上のことから、本章では「笑いのオノマトペ」とは「キャラクターが笑っている声を模倣する擬音語を含む、笑顔や笑う様態・動作を描写する擬態語」と定義する。笑いのオノマトペであるかどうかを判断するためには、「辞書に載っているかどうか」が一つの判断基準となる。また、辞書（詳細は第三節参照）に載っていない笑いのオノマトペは作者が即興的に創られたものであっても、文脈などから笑い声の大きさ、「冷笑・嘲笑」などの笑いの種類、キャラクターの喜怒哀楽の程度などを判断することができるため、笑いのオノマトペであることを認める。

(2)「女性キャラ」と「女ことば」

「キャラクター」は英語のcharacterを日本語発音した外来語であり、物語の中で独自の個性・存在感を持って描かれるもの、物語の「登場人物（dramatis personae）」という意味がある（定延二〇二〇、三〇ページ）。漫画を作成する際、キャラクターの名前、年齢、性別、性格、外見的特徴、出身地、家族構成などを設定することが重要である。多くの場合は男女のどちらかを設定するが、ロボットなど無性別であるという選択肢もある。本章では、性別が女性であるキャラクターを「女性キャラ」と呼ぶ。典型的な女性キャラとしては、高等学校の女子生徒を指す「女子高生」、貴族出身の女の子など裕福な家庭で生まれ育った「お嬢様」、結婚している女性で特に裕福な夫人を指す「奥様」、白髪・しわ・曲がった背中で描かれる「おばあちゃん」、冷酷で残虐な性格を持つ「悪女」などが挙げられる。具体的には、推理漫画『名探偵コナン』（青山剛昌、一九九四）の女子高生「毛利蘭」、少女漫画『カードキャプターさくら』（CLAMP、一九九六）の可愛いお嬢様「大道寺知世」、児童漫画・SF漫画『ドラえもん』（藤子・F・不二雄、一九六九）の主人公・野比のび太の母「野比玉子」、少年漫画『ONE PIECE』（尾田栄一郎、一九九七）の悪女「シャーロット・プリン」、アニメーション映画作品『天空の城ラピュタ』（宮崎駿、一九八六）に登場する女空賊「ドーラ」などである。

男女の描き方として、女性キャラは通常女性性が強い外見的な特徴がある。例えば、大き目や、長い髪、小柄、可愛い顔などの特徴があり、服装としてはドレス、スカートなどを着用し、アクセサリーとしてはイヤリングやネックレスなどジュエリーをつけていることが多い。また、女性キャラのセリフは、作者が作った虚構のことばであるが、漫画の時代背景に相応しく、日常生活にも使われるリアルな言葉が選ばれている。金水（二〇一四、ixページ）が説明するように、「女ことば」は、江戸時代の「あそばせ言葉」（「お出かけあそばせ」「ごめんあそばせ」など）と呼ばれる丁寧な話し方を基盤しつつ、明治時代の「女学生言葉」・「てよだわ言葉」（「よろしくてよ」「すてきだわ」など）の要素を多く取り入れ、明治時代以降の近代小説をはじめとする近代的なフィクションの中で、女性キャラを描写するために発達したと考えられる。

清水（二〇〇三）によると、今日、日常会話の中では「女ことば」と「男ことば」の差がほとんどなくなっていると指摘されるが、「〜てよ」「〜こと」「〜です（ます）わ」など「女ことば」の基盤となった「女学生言葉」は、上品で優雅だと形容される「お嬢様ことば」「奥様ことば」として認識する場合が多い（金水二〇一四、ixページ）。また、金水（二〇一一、九ページ）は「オカマ」や「女装家」などトランスジェンダーとして描かれるキャラクターは、常に文末に「〜だわ」「〜わよ」などが使われるため、このようなことばを指し示す「オネエことば」は、語彙的には「女ことば」の下位概念に位置すると述べている。山口（二〇〇七）は、文末表現はキャラクターの性別や性格などを把握することができるため、読者に物語を効率よく提示する機能を持つと指摘している。また、大谷（二〇一四、九ページ）によると、作者がキャラクターに性差のあることばを使わせることで、読者にキャラクターの髪型や服装、経歴といった外見、性格を含む人物造型が容易に伝わりやすくなるという。

飯田（一九九九、一一〜一三ページ）によれば、江戸時代に入ってから、歌舞伎・浄瑠璃の脚本など近世の演劇において、「ホホ」が用いられることで性別（女性）を区別できたことが確認できるとのことである。金水（二〇一四、一七〇ページ）は、「女性」というカテゴリーをさらに細かく分類し、古くから少女小説に登場する「（オ）ホホホ」は「お嬢様ことば」との関連性があることを見出した。そして、「（オ）ホホホ」を用いる典型的な女性キャラは、「お嬢様（お嬢様ことば）」や上流階級の「奥様（奥様ことば）」であるとしている。住田（二〇一八）は笑いのオノマトペから喚起される人物のイメージについてアンケート調査を実施し、「ホホホ」から想起する「奥様」や「お嬢様」というキャラクターには、落ち着いたイメージがあり、「フフフ」は一般的には上品で優しい女性がイメージされると述べている。

金水（二〇一四、一七二ページ）は、「（オ）ホホホ」は男性キャラにも使われると指摘する。例えば、『おじゃる丸』の主人公・おじゃる丸のような公家キャラ（日本の古代後期〜近世における貴族の総称）、また『笑ゥせぇるすまん』の主人公・喪黒福造のような強大な力を持つ一方で、言葉づかいが丁寧なキャラクターも「（オ）ホホホ」が使われると述べている。住田（二〇一八、一四七〜一五〇ページ）は同じ音節を含む笑いのオノマトペにも、促音を使うことで、異なる年齢や性別などが喚起されると指摘している。例えば、「ホホホ」から想起される年齢は三〇歳から九〇歳という幅広い範囲であるが、「ホッホッホ」から想定される年齢は高く、また「王様」「知識人」などのようなイメージを喚起させる。「ハハハ」からイメージされるキャラクターの性差はないが、「ハッハッハ」は「男性度」が増す傾向があるとのことである。

一方、清水（二〇〇三、三七〜三八ページ）によると、現在の日本社会では、「女性ことば」と「男性ことば」の差がほとんどなくなり、若い女性が自分のことを、「ぼく」と称しているように、女性にも男性的な表現を使うことがあると指摘している。例えば、「ガハハ」は「大柄な人物（主に男性）のがさつな笑い」（隠岐二〇〇五、六五ページ）として多用されているが、アニメ『ガーリッシュナンバー』の主人公である烏丸千歳は「勝ったなガハハ！」という口癖がある。烏丸千歳はピンクのロングヘアーが特徴の美少女であるが、悪い性格という人物設定である。つまり、漫画の創作者は女性キャラの笑い声を設定する場合、女性的なイメージを喚起しやすい「ホホ」「フフ」を使用するだけではなく、「ガハハ」のような男性が多用する笑い声も使われる。このように、読者は絵からの情報に加えて、様々な笑い声から女性キャラの年齢、性格などを読み取ることができるのである。

以上のことから、日本語の漫画・ドラマ・小説などフィクションの世界では、性差を示唆する「女ことば」のうち、笑いのオノマトペがキャラクターの人物像を読み手に伝える有効な手段であることがわかる。これまでにも古典小説、少女漫画における女性キャラが使われる笑い声をとりあげた研究（金水二〇一四）は散見されるが、近現代の漫画作品に登場する女性キャラは、どのような笑い声を使うかについて分析したものや「女ことば」としての笑いのオノマトペを日中対照の観点から研究したものは管見の限りほとんど見当たらない。また、住田（二〇一八）の研究では、促音の有無による笑い声の特徴を調査したが、促音以外の特殊拍（撥音・長音）が含まれる「ホ」と「フ」はキャラクターの性別に関わるかどうか、考察する必要があると考えられる。

2 『ONE PIECE』とその中国語訳『航海王』からのデータの抽出

『ＯＮＥ ＰＩＥＣＥ』（ワンピース）は尾田栄一郎氏による日本の少年漫画作品であり、『週刊少年ジャンプ』（集英社）にて一九九七年より連載が開始された。二〇二一年六月の時点で単行本は第九九巻まで刊行され、最新九八巻で全世界累計発行部数が四億八〇〇〇万部を突破している。この作品は海賊王を目指して「ひとつなぎの大秘宝（ワンピース）」を求める主人公【モンキー・Ｄ・ルフィ】を巡る海洋冒険ロマンが描かれている。『ＯＮＥ ＰＩＥＣＥ』に登場するキャラは一五〇人以上で、異なる年齢、性格、社会階級の女性がたくさん創作されている。作中では登場人物による慣習的には用いないユニークな笑い声の描写が多いため、YouTubeで「ワンピースに登場するキャラクターの笑い声」を当てるクイズが話題になるほどバリエーションが豊かであることが読者にも認識されている。

海外では『ＯＮＥ ＰＩＥＣＥ』の翻訳刊行版は世界三〇カ国以上で翻訳出版されており、四二以上の国と地域で販売されている。中国語翻訳版は、大然文化（台湾）、東立出版社（台湾）、天下文化（香港）、浙江人民美術出版社（大陸）で出版されている。本章では、浙江人民美術出版社で出版された中国語訳版『航海王』（一〜九八巻）を調査対象とする。この出版社は一九五八年に中国・浙江で設立され、書作、漫画、写真アルバムなど高品質な出版物を数多く出版しているため、日本語原作とその中国語訳版と対照しながら、分析するのに適した資料だと考える。

研究対象として、笑いのオノマトペがよく使われている女性キャラ（二一人）のセリフを収集する。また、キャラクターの性別は主に作品で設定した性別に基づいて分類するが、「オカマ」や「女装家」など「女ことば」を用いる男性キャラはどのような笑いのオノマトペを用い、女性的な印象を読者に喚起させるかを考察するために、二人の「オカマキャラ」の笑い声も収集する。キャラクターの名前、年齢、性別、出身地、家族構成などキャラクター設定に関する情報は全て『ＯＮＥ ＰＩＥＣＥ』の関連ウェブサイトを参考にした[2]。

筧・田守（一九九三、一〜八ページ）は、日本語のオノマトペは基本的には一音節からなるものと二音節からなるものがあると指摘される。一音節は子音と母音で構成される音のまとまりであり、日本語の五十音表で表される「ア」「イ」「ウ」「エ」「オ」、また「キャ」「キュ」「キョ」などの拗音が一音節にあたる。笑いのオノマトペは、「ハハ」「ホホ」のような音節の反復形が多用されるが、「ハッハッ」「ハーハー」のように、特殊拍である促音「ッ」、撥音「ン」、長音と組み合わせて作られるものが多いため、これらの音韻的な要素を含む笑いのオノマトペを収集する。

一方、中国語では、促音、撥音などの特殊拍が存在せず、一漢字が一音節に相当する。中国語などの声調言語（トーン言語）では、母音と子音の組み合わせに、さらに母音の音程の高低変化による声調（第一声hā、第二声há、第三声hǎ、第四声mà）を加えて一音節が構成される。黄（二〇一二）によると、中国語のオノマトペは声調記号をつけないことが一般的であると指摘されている。本章では、日本語のセリフに対応している中国語訳を収集し、笑いのオノマトペを構成する漢字を選定する。両言語の音の特徴も比較するため「哈哈/haha」のように中国語には声調記号なしのピンイン表記もつける。

例えば、女性キャラ【ベンサム】は「ガッハッハッハ」、「ンガーッハッハッハッハ」という複数の笑いのオノマトペを用いる。用いられている笑い声はすべて収集し、キャラクターの名前は【 】の中に入れる。また、「ハハハ…マ〰〰ママママ…」「♡エへへ…♡」のように長音符号「〰」、絵文字「♡」が付加されている笑い声もある。記号も含めて分析をする場合もあるが、本章では笑い声の音韻的な特徴に着目するため記号を削除し、「ハハハママママママ」、「エへへへ」という形式で取り出す。

（1）両言語における女性キャラの笑い声

表8－1では日本漫画『ONE PIECE』とその中国語訳『航海王』から登場したキャラクターの名前、日本語と中国語の笑い声、設定・推定年齢を示している。また、キャラクター名は年齢が高い順に並べている。

表8－1から、二〇代（一〇名）の女性キャラが一番多く、その次に多いのは、一〇代（四人）、三〇代（三人）、六〇代（二人）であった。四〇代、五〇代、七〇代、一三〇代はそれぞれ一名であることがわかる。女性キャラの笑い声を分析してみると、両言語ともに異なる音節で組み合わせた笑い声が多いが、笑い声の音韻的な特徴が異なることが判明した。具体的には以下のような共通点と相違点が挙げられる。

（a）共通点

ⓐ両言語とも二つの異なる音節が反復された笑い声がある（例、「ゲロ」「啵咯/bolo」）。

ⓑ両言語とも二番目の音節から反復した笑い声がある（例、「オホホホホ」、「嗯呵呵呵/enhehehe」）。

ⓒ両言語と三つの音節が含まれた笑い声がある（例、「ンガーッハッハッハッハ」「姆噜呵呵呵/muluhehe」）。

（b）相違点

ⓐ日本漫画の笑い声は、撥音は語頭と語尾に現れる際に、語頭と語尾で直接に使われたり、他の音節と組み合わせて使用されたりする（例、「ンフフフ」、「ムルンフフフフ」、「ヒヒン」）。

ⓑ中国語訳の笑い声は、漢字のみで構成されるが、様々な母音と子音との組み合わせにより音節の種類をある程度豊かにする（例、「嗯呵呵呵/enhehehe」「姆噜呵呵呵/muluhehehe」）。

表8-1　日本漫画『ONE PIECE』とその中国語訳『航海王』における女性キャラの笑い声

キャラクター名	日本語版笑い声	中国語訳版	年齢
クレハ	ヒッヒッヒ	嘻嘻嘻 /xixixi	139歳
ココロ	ンガガガガ	嗯嘎嘎嘎嘎 /engagagaga	72歳
リンリン	ハハハママママママ	哈哈哈嘛嘛嘛嘛嘛嘛 /hahahamamamamamama	68歳
ジョーラ	オホホホホ、オッホッホッホ	哦嗬嗬嗬嗬 /ohehehehe、嗬嗬嗬嗬 /hehehehe	61歳
イワンコフ	ンフフフ	嗯呵呵呵 /enhehehe	51歳
ブリュレ	ウィッウィッウィッウィッ	呜咿呜咿呜咿呜咿 /wuyiwuyiwuyiwuyi	43歳
デボン	ムルンフフフフ、ムルンフッフッフッ	姆噜呵呵呵 /muluhehehe、呵呵呵 /hehehe	34歳
モネ	ウフフフフ	唔呵呵呵呵 /wuhehehehe	30歳
ベンサム	ガッハッハッハッハ、ンガーッハッハッハッハ	哇哈哈哈哈哈 /wahahahahaha	30歳
キンデレラ	タマコシコシコシコシ	科嘻科嘻科嘻科嘻 /kexikexikexikexi	29歳
ヴァイオレット	ウフフ	呵呵呵 /hehehe	29歳
ロビン	ウフフ、フフフッ、フフ	呵呵 /hehe	28歳
ペローナ	ホロホロホロ	啵咯啵咯啵咯 /bolobolobolo	23歳
ボニー	ウエッヘッヘッヘッヘッヘッ	唔哎嘿嘿嘿嘿嘿嘿嘿	24歳
ローラ	フフン	哼哼 /hengheng	24歳
バレンタイン	キャハハハ	呀哈哈哈 /yahahaha	22歳
デージー	ザハハハハハハ	咂哈哈哈哈哈哈 /wahahahahahaha	20代
ファーザーズデー	ゲロゲロゲロ	呱呱呱 /guaguagua	20代
スピード	ヒヒン	嘻嘻 /xixi	20代
カヤ	アハハハ	哈哈哈哈 /hahahaha	18歳
ビビ	エヘヘヘ	嗯嗯嗯 /enenen	16歳
フランペ	エヘヘヘ	哎嘿嘿嘿 /aiheiheihei	15歳
キャロット	エヘヘヘ	哎嘿嘿嘿 /aiheiheihei	10代

次に、笑いのオノマトペを構成する音節を考察する。表8－1で収集した笑い声を音節に従って数え、日本語と中国語訳における音節の使用状況をそれぞれ表8－2と表8－3にまとめた。表8－2に日本語における笑い声の音節と女性キャラの使用人数を、表8－3には中国語訳における笑い声の音節と女性キャラの使用人数を示す。促音（Q）、撥音（N）、長音（R）などの特殊拍は、通常、語中に現れる場合、直前に母音を伴い、かつ子音音素の前に立ち、その後続子音とともに音節を形成するため、単独では一音節を構成しないことが多い。しかし、「ンフフフ」のように単独で語頭の音節を構成する場合もある。本章のデータでは、一音節のパターンとして、/V/、/CV/、/CVQ/、/CVN/、/CVR/（Cは子音、Vは母音）を扱う。ただし、表8－2、表8－3にデータをまとめる場合は、特殊拍を省いた/V/、/CV/を代表形として示す。

例えば、【ロビン】には「ウフフ」、「フフフッ」、「フフ」という三つの笑い声が使われ、音節「ウ」「フ」が含まれると判断する。また、【ボニー】の笑い声に「ウエッヘッヘッヘッヘ」というものがあるが、これは音節「ウ」「エ」「ヘ」で構成されるものと考える。この二人の女性キャラの笑い声を構成する音節は、「ウ」（二人）、「フ」（一人）、「エ」（一人）、「ヘ」（一人）と数え、括弧に入れた数字はその音節を笑い声として用いている「女性キャラの人数（表8－1にあげた女性キャラ）」を示している。

笑い声を構成する音節の種類をみると、中国語（一三種）は日本語（一一種）より若干多いことがわかる。日本語では、金水（二〇一四）、住田（二〇一八）が提示した典型的な女性的な笑い声、つまり音節「フ」（六人）と「ホ」（二人）を含むものが使われるが、「ハ」（五人）、「ヘ」（四人）、「ヒ」

表8—2　日本語における笑い声の音節と女性キャラの使用人数

音節	フ	ハ	ウ	エ	ヘ	ヒ	ガ	ロ	ホ	マ	オ
人数	6	5	4	4	4	2	2	2	2	2	1
音節	ム	ル	タ	コ	シ	ゲ	ア	ザ	キャ	ウィ	
人数	1	1	1	1	1	1	1	1	1	1	

表8－3　中国語訳における笑い声の音節と女性キャラの使用人数

音節	哈/ha	呵/he	嘿/hei	嘻/xi	哎/ai	嗯/en	唔/wu	嗬/he	嘎/ga	嘛/ma	哦/o/	呜/wu
人数	5	5	3	3	3	3	2	1	1	1	1	1
音節	咿/yi	姆/mu	哼/heng	哇/wa	科/ke	啵/bo	咯/lo	呀/ya	咂/za	呱/gua	噜/lu	
人数	1	1	1	1	1	1	1	1	1	1	1	

（二人）などのハ行音、「ガ」（二人）、「ゲ」（一人）などの有声音、硬口蓋音「キャ」、外来音「ウィ」も使用されていることがわかる。

一方、中国語では、「哈/ha」（五人）、「呵/he」（五人）、「嘿/hei」（三人）、「嘻/xi」（三人）、という伝統的な笑い声を表すために使用されるオノマトペ以外、「哇/wa」（喜んで叫ぶ声）、「呀/ya」（意外で驚きの声）、「嘛/ma」（念押しの意を込める）、「哦/o」（相手の言うことに同意した場合）など驚き・感動・感嘆を表す語、「呱/gua」（ヒル・カラス・カエルなどの鳴き声）、「嘎/ga」（アヒルの鳴き声）など動物の鳴き声を模倣する語、「科/ke」、「姆/mu」など元々オノマトペとして使わない語も現れる。

(2) 音節「フ」「ホ」「ハ」を持つ笑い声

表8－2に挙げた笑い声の音節のうち、調査データによると、『ＯＮＥ ＰＩＥＣＥ』において、先行研究で指摘されているような典型的な女性キャラの笑い声とされる音「フフ」「ホホ」も用いられるが、それ以外の笑い声として、性別を喚起し

ないとされる「ハハ」も多く使われることが判明した（表8－2を参照）。本節では、「フ」「ホ」、「ハ」について、『ＯＮＥ ＰＩＥＣＥ』における女性キャラの笑い声の特徴を分析する。具体的に、笑いのオノマトペはどのよう形態的な特徴がある笑い声なのか、その女性キャラはどのような特徴（年齢、性格など）があるのか、日本語の笑いのオノマトペが中国語訳される場合どのように訳されるのかという点について明らかにする。

まず、上品なイメージがある女性キャラ「フ」について考察する。登場回数が多い主人公の仲間【ロビン】から、登場回数が少ない敵役【モネ】まで、六人の女性キャラは「フ」を含む笑い声が使われる。（1）では、【ロビン】は仲間が戦わないようにアドバイスする際に、「フフ」と「フフッ」という笑い声を使う。（2）では、【ヴァイオレット】は相手への返事とともに「ウフフ」が現れる。（3）の日本語版では、笑い声「ウフフフフ」は（2）と同様に使われる。

（1）【ロビン】

フフ…事情はわからないけど味方なんでしょう？ケンカはダメよ
呵呵/hehe…虽然我不清楚事情的来龙去脉，但是大家都是朋友吧！可不能打架哦？
（ＯＮＥ ＰＩＥＣＥ、六四巻、五四ページ）
ふふふっみんな仲良くってわけにはいかなそうね。
呵呵呵/hehehe…大家看起来似乎处得不太好呢…
（ＯＮＥ ＰＩＥＣＥ、一八巻、一九二ページ）

（2）【ヴァイオレット】
うふふ了解…‼彼らしいわね…
呵呵呵/hehehe知道了…‼还真是他的一贯作风呢…
（ONE PIECE、七九巻、三六ページ）

（3）【モネ】
やっぱりいたわコイツらに間違いない…うふふふ…
果然找到了，就是他们没错……唔呵呵呵/wuhehehe…
（ONE PIECE、六七巻、一一七ページ）

（1）の【ロビン】は考古学者であり、外見は細身で長髪の美人であるが、性格は冷静沈着な性格として描かれている。（2）の王家の王女【ヴァイオレット】は高慢な性格で恋に情熱的な美人というキャラとして描かれている。（3）の【モネ】は海賊団の幹部であり、クールな雰囲気の美女として描かれている。表8－1にまとめたキャラクターの年齢も参照すると、（1）～（3）はすべて二八歳～三〇歳の美人で頭がよく、上品な性格という特徴を共有している。

次に、このような年齢や性格、社会的な地位のある女性キャラの笑い声とはどのような笑い声かを分析する。日本では口を覆い、笑いをおさえようとする女性が多い（金山一九八八）。村澤（一九八九、九ページ）によると、顔を隠す文化は武家階級の女性達にとっては規範的な美意識であり、笑うときに手を口許に持っていって口を隠すしぐさなどを伴うことが多い。このような文化は、自分の思いや感情を直接的に表に出すことが卑しいとされ、明治以降、政府により国民文化形成の中心に位置づけられ、日本の伝統美として国民一般のものとなっていくと指摘されている。

一般的に、上品な美人キャラが口を大きく開けて笑うことはめったにない。オノマトペの音象徴性(3)の観点から、上品な美人キャラの笑い声としてよく用いられる母音/u/は「抑圧され籠る感じ」を持つ音であり、音節「フ」は「浮いた・安心な・軽い」（丹野二〇〇五、一二五ページ）という感じを持つことから、「フフ」と笑う際に口を閉じたまま笑っている様子を喚起し、女性の上品で物静かな印象を与える。また、（1）〜（3）のセリフでは、笑いのオノマトペだけではなく、「〜よ」「〜ね」「〜わ」「〜わね」という女性らしいイメージを持たれている文末詞も使われる。このような女性的な言い方はキャラクターの優しく、上品で、喜怒哀楽を表に出さないというイメージをさらに感じさせる。

「フ」と同じく上品な女性キャラの笑い声として典型的に用いられる「ホ」を考察する。『ONE PIECE』では、先行研究の指摘と同様、上品な奥様という設定の女性キャラの笑い声に用いられるが、実際の用例数は少ない（表8－1を参照）。数少ない例として、【ジョーラ】の笑い声を挙げる。

（4）【ジョーラ】
やだよ〜…あ〜〜魂が揺れてるざます!!オホホホホ〜〜!!
受不了了〜…啊〜〜我这摇曳的灵魂！哦嗬嗬嗬嗬/ohehehe〜〜!!
（ONE PIECE、七二巻、五〇ページ）

オッホッホッホ!!そんな誘導に乗るざますか

啊啊啊啊/hehehehe!!真以为我会受你们这种低级挑衅吗

（ONE PIECE、七二巻、五二ページ）

【ジョーラ】は六一歳の女性海賊であり、乗せられやすい性格で、美意識が高いというキャラクター設定である。丹野（二〇〇五、一〇六、一二五ページ）によると、母音/o/は「丸い温かみのある感じ」を持つ音であるため、音節「ホ」は「落ち着いた・安心・温かい」というイメージを喚起しやすいと指摘している。また、田守（二〇〇二、一三八ページ）によると、促音は「スピード感、瞬時性、急な終わり方」といった象徴的な意味を表すと指摘しており、これを踏まえると「オッホッホッホ」のような笑い声は、笑う動作の急激さ、キャラクターの元気さを表していると考えられる。

（4）の【ジョーラ】はテンションを盛り上げたり、また敵を軽蔑したりする際に、「オホホホホ」「オッホッホッホ」を使う。笑い声以外の要素として、【ジョーラ】は文末に「ざます」をつけるのが特徴である。「ざます」は元々江戸末期、江戸吉原の「遊女ことば(4)」であるが、現代では、上流・有閑階級の女性の上品ぶった語として使用される。また、語尾に長音「〜」が付加されることで、キャラクターは感情が昂ぶった状態であることが感じ取れる。

先行研究では、笑い声としての「ハ」には性差があまりないという指摘がある（住田二〇一八）。「ハ」を用いる男性キャラの笑い声の例として、主人公【ルフィ】は「ナハハハ」「ダハハハ」が使われる。一方、女性キャラの笑い声の例として、（5）では、富豪の娘として登場する一八歳の少女【カヤ】の笑い声「アハハハ」、（6）では、二二歳の女店員【バレンタイン】の笑い声「キャハハハ」、

（7）では、二〇代の女戦士【デージー】の笑い声「ザハハハハハハ」を挙げる。（5）～（7）の女性キャラは全て若者[5]である。

（5）【カヤ】
あはははは…でその金魚はどうしたの？
哈哈哈哈/hahahaha……那么那条金鱼呢？
（ONE PIECE、三巻、一四九ページ）

（6）【バレンタイン】
キャハハハ大人しくなさいあなたごときが……
呀哈哈哈/yahahaha！老实点吧，你真以为……
（ONE PIECE、一四巻、六八ページ）

（7）【デージー】
大収穫よ～～～～～!!ザハハハハハハ!!
大丰收啊！咂哈哈哈哈哈哈/wahahahahaha!!
（ONE PIECE、五三巻、八八ページ）

様々な接頭辞を含む笑い方は、キャラクターの異なる性格に対応している。「アハハ」は活気のある笑い声、「キャハハ」は騒々しい若者の笑い声、口蓋化音は「雑多な」(浜野、二〇一四) 性格のキャラの笑い声を表すと考えられる。「ザハハ」の語頭「ザ」は有声音/z/と母音/a/で構成される。田守(二〇〇二、一四三ページ)は、濁音(有声音)には「汚い、悪い」というようなネガティブなイメージを想起させると指摘している。「ザハハ」はやや下品で男性的な笑い声を表し、【デージー】は女性戦士としての勇ましく豪快な設定に対応していると考えられる。

用例は少ないが、若者ではない女性キャラも「ハ」を含む笑い声を用いる。(8)では、【リンリン】は六八歳の女船長であり、男勝りな性格で、豪胆さ、狡猾さを持つ独裁主義者という設定である。しかし、この女性キャラは多くの子供(八五人)を産んでおり、笑い声の後半部分「マ〰〰ママママ」は「母親」という立場を暗示していると考えられる。

(8)【リンリン】

ハハハ…マ〰〰ママママ…どこだケーキを出せ!!!

哈哈哈/hahaha…嘛/ma〰〰嘛嘛嘛嘛/mamamama……在哪把蛋糕交出来!!!

(ONE PIECE、八九巻、一八ページ)

今回の調査データから、「フ」を使うキャラクターは冷静沈着かつ魅力がある美女であるが、「ホ」を含む笑い声が使われるキャラクターは常に感情が昂ぶった状態であり、使用年齢はより高いということがわかった。金水（二〇〇三）と住田（二〇一八）の報告では、「ホホ」は「博士」のような年配の男性キャラに用いられる傾向があることも指摘されている。

(3) 撥音「ン」を持つ笑いのオノマトペ

表8－1から、女性キャラの笑い声には、語頭・語末に撥音「ン」が多用されていることがわかる。「ン」は、様々な音節と組み合わされることで笑い声のバリエーションを豊かにしている。本節では、「ン」が女性キャラの笑い声として多用される理由、またこれらのキャラクターの年齢、性格などの特徴について説明する。まず、「ン」が語尾に現れる用例を挙げる。【スピード】は女海賊であり、上半身は可愛い姿の女性であり、腰から下は茶毛の馬の胴体である。【ローラ】は、大柄で筋肉質な外見の海賊団船長である。

(9)【スピード】
今日もおいしそうな食糧の数々っ!!ヒヒン♡
今天也收获了好多美味的食粮!!嘻嘻/xixi♡
（ＯＮＥ ＰＩＥＣＥ、九一巻、一二六ページ）

(10)【ローラ】
フフンまたどうせダメになるわ

哼哼/hengheng!!这次肯定也得泡汤!
（ＯＮＥ ＰＩＥＣＥ、四七巻、三一ページ）

（9）では、【スピード】は馬という外見の特徴がある動物人間であるため、笑い声「ヒヒン」は馬のいななきを模倣するために使用される。一方、（10）では、【ローラ】は相手を見下してあざけり笑うために、鼻先で「フフン」と笑う。田守（二〇〇二、一三八ページ）、秋元（二〇〇二、一三六〜一三七）は、撥音は基本的には「共鳴」といった象徴的な意味を表し、「音の響きのよさ」も強調すると指摘している。語尾に「ン」を使うことで、のどや鼻を震わせて出す音を模倣している。「ヒヒン♡」のように、文末に絵文字「♡」と共に使われ、少女の可愛さを表しているが、「フフン」は、二四歳の女船長【ローラ】は自分の考え・判断に自信があり、かつ、相手より上の立場であるという気持ちを強調している。

次に、「ン」は語頭に使われる用例が挙げる。（11）と（12）のキャラクターは「オネエキャラ」（男性）であり、それぞれ五一歳の女王、三二歳の犯罪会社の上級幹部である。一方、（13）では、【ココロ】は七二歳の女駅長である。

（11）【イワンコフ】
敗けたらヴァナ男でいられるかしらね？ン〜フフフ
不过输了的话，你……还能继续做男人吗？嗯/en〜呵呵呵/hehehe

（ＯＮＥ ＰＩＥＣＥ、六一巻、二八）

(12)【ベンサム】

んが――――っはっはっはっは!!!無駄よ〰〰〰う!!!

哇哈哈哈哈哈/wahahahaha！没用的……！

（ＯＮＥ ＰＩＥＣＥ、二〇巻、一三六ページ）

(13)【ココロ】

んがががががどっちでもいいわそんな事ァ

嗯嘎嘎嘎嘎/engagagaga，你爱怎么说就怎么说吧

（ＯＮＥ ＰＩＥＣＥ、三九巻、一五七ページ）

「オネエキャラ」の女性らしい姿や性格を強調するために、「かしら」「よ」のような「女ことば」として用いられる文末詞や、「フ」を含む笑いのオノマトペが多用される。前節からは、「フフ」と笑う女性キャラには頭脳明晰な美人が多いが、「ハハ」は元気な若い女性に多用されることがわかる。【イワンコフ】は「フ」を含む「ンフフフ」が使われるが、(1)～(3)に現れる女性キャラの年齢（三〇代）より上で、美しい容貌ではなく、彼はフィッシュネットオールインワンと水着を着ていて、ファンキーな外見的特徴がある人物として描かれている。しかし、冷静、慎重な性格は「フフ」と笑う女

性キャラと同様である。

一方、【ベンサム】は奇妙な格好と言動をするキャラで、一見奇怪なオカマなのに、漢気溢れる古風な性格として描かれる。彼の笑い声は音節「ガ」と「ハ」、促音、撥音という音韻要素で構成される。「ガハハハ」は「大柄な人物（主に男性）のがさつな笑い」（隠岐二〇〇五、六五ページ）として多用される。撥音と促音は威圧的でがさつな印象の強い笑い声「ガハハ」と共に使われると、【ベンサム】の「男性らしい笑い声」のイメージはさらに強くなる。
（13）の「ンガガガガ」と笑う【ココロ】は、肥満体の「おばさんキャラ」である。身体が大きい方が発した声が共鳴する範囲が広いから、話し声や笑い声などが大きく響いていることが感じ取れる。また、彼女の豪快で姉御肌な性格を表すために、有声音「ガ」が含まれる笑い声を使う。「ン」が他の音節と組み合わせて使用される用例は（14）である。【デボン】は三四歳の女船長で、史上最悪の美女女囚という設定である。

（14）【デボン】
ムルンフフフフ‼あいつがノコノコやって来るのがいけないのよ‼
姆噜呵呵呵/muluhehehe‼是那家伙自找的谁让他大模大样地来这里呢‼
（ONE PIECE、九二巻、六七ページ）
ムルンフッフッフッあなた達もすきねェ♡
当然了……呵呵呵/hehehe我也爱你们！♡

（ＯＮＥ ＰＩＥＣＥ、五九巻、四四ページ）

様々な音声要素を含む「ムルンフフ」は聴覚的には複雑な感覚にしている。「ムルンフフフフ」という笑い声は、「美人キャラ」の笑い声「（ウ）フフ」よりも「傲慢さ」を感じさせる。人々は「フン」のように鼻を鳴らすことで軽蔑や不満を表現しているため、「ン」の使用は「尊大と傲慢な態度」というイメージを喚起しやすいだろう。このような笑い声は腹黒い笑い声という印象を与える傾向があり、相手を見下して自分が優位に立ってみせ、勝つことを楽しむという心理を表現していると考えられる。キャラクターが歳を重ねるにつれて、その実力と社会地位は高くなるのは、漫画においては一般的な設定であるが、キャラクターの「実力」や「社会地位」を強調するために、作者は撥音「ン」を使っていると考えられる。

（４）二音節が反復された笑いのオノマトペ

前述した笑い声は、複数の音節で構成されているが、主な成分は一つの音節を何回か繰り返した形である。表８－１から、女性キャラは二音節の反復形を使うことで、一般的ではない笑い声を描写していることがわかる。これらは慣用句から派生したものであり、動物の鳴き声を模倣したオノマトペが笑いのオノマトペとして使用される。【キンデレラ】は王国の王妃であり、高慢な性格の美人という設定である。【ペローナ】は海賊団幹部であり、外見が可愛らしい容姿をした少女であるが、性格は勝ち気でワガママ、かつ男勝りである。【ファーザーズデー】は犯罪会社の社員であり、カエル風の奇妙な衣装に身を包んでいる。

（15）【キンデレラ】

んもー♡あなたったら面白さユニバース♡タマノコシコシコシコシ♡

真是的……亲爱的你可真是个幽默风趣大百科呢，科嘻科嘻科嘻科嘻/kexikexikexikexi

（ONE PIECE、九〇巻、一一五ページ）

（16）【ペローナ】

ホロホロホロ…ここから逃げられると思うなよ!! マヌケ共!!

啵咯啵咯啵咯/bolobolobolo……你们休想从这里逃出去!!

（ONE PIECE、四六巻、一八六ページ）

（17）【ファーザーズデー】

もしかしてあたし達後々すっごい地位を貰えるんじゃないかって思うの!!ゲロゲロゲロ

说不定我们能升官！你说是不是啊!!呱呱呱/guaguagua!!

（ONE PIECE、二二巻、一〇ページ）

例えば、（15）では、「タマノコシ」（玉の輿）の語末にある二音節「コシ」を何度も繰り返した「タマノコシコシコシコシ」は【キンデレラ】の笑い声として使われる。女性が身分ちがいの上流家庭へ嫁ぐことは「玉の輿」（たまのこし）と呼ばれる。二九歳の王妃【キンデレラ】は財力のある【ワポル】と結婚しており、その笑い声から自分が裕福であることを暗示している。（16）では、雉子、山鳥などの鳴く声を表わす語「ホロホロ」が使われる。「ホロホロ」のような笑い声は、それを聞いた人の心を晴れやかな気持ちにさせる効果があると考えられる。（17）では、カエルの鳴き声を模倣する「ゲロゲロ」が使われる。「ゲロゲロ」という笑い声は【ファーザーズデー】の外見と関連していると考えられる。

（5） 中国語における笑いのオノマトペ

オノマトペ語基の翻訳について、「ハハ」を含む笑い声はすべて日本語の発音と似ている「哈哈/haha」に訳されるが、「フフ」を含む笑い声六つの「フフ」を含む笑い声のうち、五つは中国語「呵呵/hehe」（例1、例2、例3、例11、例14）に翻訳され、「ン」を含む「フフン」（例10）は「哼/heng」に翻訳される。「呵/he」と「哼/heng」の基本母音/e/（IPA[ɤ]）は日本語の「エ」に比べて、舌が大きく下後方へ引かれている（馮二〇一三、七五ページ）。「哼/heng」の/eng/は/ng/で終わる複合母音であり、日本語の「ン」の音に似ている。夏・王（二〇一七）は、「呵呵/hehe」は苦笑い、いいかげんな笑顔、無力な笑い、薄ら笑い、正直な笑いなどさまざまな笑いを表現できると指摘している。例文に現れる女性キャラは、笑いを通して曖昧な感情を表現し、ミステリアスな印象を高めるために使用される。

一方、中国語「哼/heng」は軽べつ・怒り・満足など気持ちを表し、鼻先で「フフン」と笑う様子を表現している。（4）の「オホホホホ」を翻訳するのに「嗬嗬/hehe」が使われる。その発音は「呵呵/hehe」と同じであるが、使い方が異なる。『白水社中国語辞典』の解釈によると、「嗬/he」は驚いたり感心したりする気持ちを示し、時にはふざけたり皮肉ったりする気持ちを帯びるとの説明がなされている。つまり、曖昧な感情を表現する「呵呵/hehe」と異なり、「嗬嗬/hehe」が使われるキャラクターは、気分の浮き沈みが激しいことを表現することができると考えられる。

二音節の反復形を翻訳するために、日本語のオノマトペあるいはその一部がそのまま同じ発音に模倣されているものが使われる。（15）の「コシ」は「科嘻/kexi」、（16）の「ホロ」は「啵咯/bolo」に翻訳され、漢字の意味よりも日本語の笑い声の発音に近い音が割り当てられている。「科/ke」の子音/k/は「コ」の子音/k/の発音と似ていて、「学術・業務の分類」という意味である。「嘻/xi」の母音/i/は「シ」の母音/i/と似ていて、小さな笑い声とその様子を表している。また「啵咯/bolo」の母音/o/は「ホロ」の母音/o/と発音が似ている。「啵/bo」は沸騰したお湯の音を模倣し、「咯/lo」は文中または文末で、肯定、促し、期待など心理状態の変化を表現するために使用される。「咯/lo」は複数の読み方のある字であるが、「咯咯/gege」という読み方で、鶏の鳴き声を模倣したり、笑いやうめき声、きしみ音などを表したりしている。一方、（17）の「ゲロ」は「呱/gua」と翻訳されている。この漢字は、中国語ではヒル・カラス・カエルなどの鳴き声を描写する語であるため、この場合の翻訳は音だけではなく、漢字の意味も日本語に近いものが選ばれている例といえる。

驚き・喜び・怒り・嘆きなどを表す感動詞を使用することで、中国語に訳した場合の笑い声の種類も充実させている。例えば、（3）の「唔呵呵呵/wuhehehe」は、日本語の母音「u」に似た中国語の母音「u」を使用しているが、用いている漢字の意味としても疑問の気持ちを示している。また、（11）では、「嗯/en～呵呵呵/hehehe」の「嗯/en」は日本語「ン～フフフ」の「ン」の音に似ており、承諾・満足を示すと同時に、「意外だ」「そうは思わない」という不満の気持ちを表している。（6）では、日本語「キャハハハ」の「キャ」は中国語の「呀/ya」に訳され、「ya」は、二重母音「ia」が変形したものであり、「ヤ」のような音として聞こえる。「呀/ya」は意外なこと・好ましくない新しい状況に、はっと気づいた時の驚きを示す（『白水社中国語辞典』）。（7）では、「ザハハハハハ」は「咂哈哈哈哈哈/zahahahahaha」に訳され、「咂/za」は、舌打ちしたり、舌を鳴らしたりする様子を表す。

中国語では、女性を意味する漢字を使うことで、キャラクターの性別を喚起することができると考えられる。例えば、（8）では、「ハハハママママママ」は「哈哈哈嘛嘛嘛嘛嘛嘛/hahahamamamamama-mama」に訳されるが、「鼠绘汉化」という漫画翻訳をサポートする団体による『ＯＮＥＰＩＥＣＥ』の中国語訳では、「哈哈哈玛玛玛玛玛玛/hahahamamamamamama」[7]が使われる。「嘛/ma」と「玛/ma」は日本語「マ」の発音が似ているが、「嘛/ma」は希望・阻止の語気を示す文末詞として多用される。一方、「玛/ma」は「妈/ma」（お母さん）の文字が似ていて、「玛/ma」は【リンリン】の「母親」という身分を喚起しやすいと考えられる。また、（14）では、「姆噜呵呵/muluhehe」の「姆噜/mulu」は、日本語「ムルンフフフ」の「ムル」と似た発音であり、「姆/mu」は一般的に、年配の女性、お母さん、子供の世話や家事をするために雇われた女性を敬っていう語である。中国人の読者が初めて「姆噜呵呵/muluhehe」を見たとしても、「姆/mu」からこの笑いは女性に関連しているものであると喚起される。

３　日本語と中国語における女性キャラの笑い方の共通点と相違点

本章では、日本漫画『ＯＮＥＰＩＥＣＥ』に登場する二一人の女性キャラの笑い声とその中国語訳

表8－4　日本語と中国語における女性キャラの笑い方の共通点と相違点

	音韻・形態的な特徴	日	中
共通点	異なる音節で組み合わせたものが多い。	○	○
	一つの音節が反復した形が多い。	○	○
	動物の鳴き声、名詞派生と考えられる笑い声が使用される。	○	○
相違点	感動詞を組み合わせる笑い声がある。	×	○
	慣用句を組み合わせる笑い声がある。	○	×
	笑い声と人物設定の関係	日	中
共通点	女性の親族呼称が女性キャラの笑い声として使われる。	○	○
相違点	特定の音韻要素を含む笑い声は、ある特定のキャラクター設定を喚起させる。	○	×
	特定の漢字は、ある特定の笑い声を喚起させるとともに、登場人物の心情を表す。	×	○

（注）　○その特徴がある場合、×その特徴がない場合。

表8－5　日本語と中国語における女性キャラの笑い方の特徴

	日本語	中国語
笑いの特徴	「フ」：上品で頭脳明晰な美人キャラの笑い声	「呵 /he」：曖昧でミステリアスな印象を与える笑い声
	「ホ」：上品で元気な女性キャラの笑い声	「嗬 /he」：気分の浮き沈みが激しい状態であることを表す笑い声
	「ン」：社会的地位が高く、実力もある女性キャラの笑い声	「哼 /heng」：軽べつ・満足している気持ちを表す笑い声
	「ハ」：豪快で男勝りな若い女性キャラの笑い声	「哈 /ha」：嬉しい気持ちを表す笑い声

を考察し、笑い声の音韻・形態的な特徴、また笑い声とキャラクターの設定との関係性について、両言語は共通点と相違点があることを明らかにした。調査の結果を以下のようにまとめる。

表8－4・表8－5から、女性キャラの笑い声を構成する音節の音韻的・形態的な特徴に関しては、日本語と中国語に似たような発音や形態構造があることを明らかにした。両言語とも動物の鳴き声を笑い声として使用しているが、日本語は

慣用句、中国語は感動詞を使うことで、笑い声の種類を豊かにしたと考えられる。

一方、笑い声とキャラクター設定との関係については、共通点として、日本語の笑い声は母親の親族呼称である「ママ」が使われ、中国語の笑い声でも母親の親族呼称または年配の女性を意味する「玛/ma」「姆/mu」が使われることがあげられる。両言語ともこのような名詞的な用法を持つ表現が笑い声の一部として使われる際に、キャラクターの性別を認識するために大きな役割を果たしていると考えられる。相違点としては、中国語より日本語の笑い声の方が女性キャラクターの人物設定と関連しており、様々な音韻要素から喚起させる女性キャラのイメージを使い分けることで、キャラクターの特徴を笑い声にも反映させていることが判明した。中国語では、笑い声とともにその時の登場人物の心情を反映させた漢字が使われる傾向がある。

今後の課題として、日本語と中国語の漫画において、形容詞や名詞の用法を持つ表現と一般的な笑い声を組み合わせたもの（【日本語】カッバッバ［カバ、名詞］、【中国語】贼哈哈/zeihaha［贼、名詞・形容詞、哈、笑い声］など）にどのような特徴があるのか、それらはキャラクター設定とどのような関連性が認められるのかという点についても明らかにしていきたい。

表8－4から、女性キャラの笑い声を構成する音節の音韻的・形態的な特徴に関しては、日本語と中国語に似たような発音や形態構造があることを明らかにした。両言語とも動物の鳴き声を笑い声として使用しているが、日本語は慣用句、中国語は感動詞を使うことで、笑い声の種類を豊かにした。一方、笑い声とキャラクター設定に関しては、共通点として、日本語の笑い声は母親を呼ぶ語「ママ」が使われ、中国語の笑い声は年配の女性を意味する漢字「玛/ma」「姆/mu」が使われる。両言語とも

このような名詞的な用法を持つ表現が笑い声の一部として使われる際に、キャラクターの性別を認識するために大きな役割を果たしていると考えられる。相違点としては、中国語より日本語の笑い声が女性キャラの人物設定と関連し、様々な音韻要素から喚起させる女性キャラのイメージを使い分けることで、キャラクターの特徴を笑い声にも反映させていることがわかった。中国語は笑い声の意味を中心として使われている傾向があり、より細やかな心情やキャラクターの特徴などは、笑い声からではなく、文脈から判断できるように描かれることが多い。

表8－5から、女性キャラの笑い方を構成する音韻要素について、音節「ハ」「ホ」「フ」、特殊拍「ン」を構成させる日本語の笑い方が喚起させるキャラクターの印象、「呵/he」「嗬/he」「哼/heng」「哈/ha」など中国語の漢字である笑い方が表す意味を明らかにした。今後の課題として、日本語と中国語の漫画では、形容詞や名詞の用法を持つ表現では一般的な笑い声を組み合わせたものがどのような特徴を有するか、それらのキャラクター設定との関連性について明らかにしたい。

【注】

（1）日本語におけるオノマトペの定義は田守（二〇一〇、三ページ）を参照、またギリシア語の意味解釈は「ギリシア語—英語」語彙辞典による説明されるものである。詳しくはHenry George Liddell、Robert Scott『A Greek-English Lexicon』「http://www.perseus.tufts.edu/hopper/text?doc=Perseus%3Atext%3A1999.04.0057%3Aentry%3Do%29nomatopoii%2Fa」を参照。

（2）キャラクター設定に関する情報は全て「参考サイト」を参考にした。

（3）言語記号は恣意的であるが（Saussure 1966）、オノマトペを構成する言語音と意味・イメージに何らかの感覚的な結びつきを認める例もある。例えば、日本語では、清音は「小さな、静かな」イメージを、濁音は「大きな、荒々しい」イメージをもつ、このような現象を「音象徴」(Phonetic Symbol)(小林一九三三)という。Hamano(1998)がオノマトペを構成する母音、子音などの音象徴性を体系的に扱って以来、田守・スコウラップ(一九九九)、丹野(二〇〇五)、川原(二〇一七)など様々な研究者が日本語のオノマトペ語彙における音象徴的な意味特徴を明らかにしてきている。

(4)「遊女」という呼称は古くからあり、元来は芸能に従事する女性一般を指したものであり、江戸時代では売春専業者を意味する。

(5)定延(二〇一一)で提案されている「年」(年齢)という尺度に基づき、「老人」~「年配」~無指定~「若者」~「幼児」のように、「年」の最高値を「老人」、最低値を「幼児」とする。また、「年配」「壮年」「青年」「若者」がその間に位置する。本章では、「老人」の値を六〇歳以上、「年配」の値を四五歳以上六〇年未満、「壮年」の値を三〇歳以上四五歳未満、「青年」の値を二〇歳以上二九年未満、「若者」の値を一〇歳以上二〇歳未満、「幼児」の値を一〇歳未満具体的な数値を設定して議論を進めることにする。

(6)角岡(二〇〇七、一一五ページ)によると、オノマトペ語頭に現れる要素は笑い声を描写するオノマトペにおいて「語幹の発声を導く」という機能を果し、「語基反復の部分的先行」とでも分類すべき性質のものであると指摘されている。

(7)中国語「玛/ma」は単独で使用されるのではなく、「玛瑙/mǎ nǎo」(玉髄の一種)など、「沙琪玛/shā qí mǎ」(中国伝統のお菓子)他の漢字と共に使用される。

【参考文献】

引用資料

尾田栄一郎（一九九七年〜二〇二二）『ＯＮＥ ＰＩＥＣＥ』（ワンピース）一〜九八巻、集英社。

尾田栄一郎（二〇〇七年〜二〇二二年）『ＯＮＥ ＰＩＥＣＥ』（航海王）一〜九八巻、浙江人民美術出版社。

参考サイト（最終閲覧日　二〇二二年六月三〇日）

尾田栄一郎公認ポータルサイト　https://one-piece.com/
『ＯＮＥ ＰＩＥＣＥ』―ウィキペディア　https://ja.wikipedia.org/wiki/ONE_PIECE
『ＯＮＥ ＰＩＥＣＥ』のファンサイト　http://www.nepece.com/chara/
『A Greek-English Lexicon』「ギリシア語―英語」語彙辞典　http://www.perseus.tufts.edu/hopper/text?doc=Perseus%3Atext%3A1999.04.0057%3Aentry%3Do%29nomatopoii%2Fa

辞書

伊地智善継（二〇〇二）『白水社中国語辞典』白水社。
金水敏編（二〇一四）『〈役割語〉小辞典』研究社。
新村出編（一九九八）『広辞苑　第五版』岩波書店。
新村出編（二〇〇八）『広辞苑　第六版』岩波書店。
小学館国語辞典編集部編（二〇〇六）『精選版　日本国語大辞典』小学館。
中国語学研究会（一九六九）『中国語学新辞典』光生館。

文献

De Saussure, Ferdinand（1966）Course in General Linguistics, translated, with an introduction and notes by

Wade Baskin, McGraw-Hill Book Company.

Hamano, Shoko (1998) The Sound Symbolic System of Japanese. CSLI.

秋元美晴（二〇〇二）『よくわかる語彙』アルク。

隠岐由紀子（二〇〇五）「描かれる音と内心?!―現代漫画におけるオノマトペ一考（特集 笑い学）―」『帝京平成フォーラム』二、六五～七二ページ。

大谷伊都子（二〇一四）「漫画における男女の文末表現　少女向けコミック誌と少年向けコミック誌の比較」『梅花女子大学短期大学部研究紀要』六三、九～二二ページ。

夏逸慧（二〇一九）「音象徴に基づく「笑い」に関する擬音語の日中対照研究」『日本語教育方法研究会誌』二六（一）、七〇～七一ページ。

筧寿雄・田守育啓（一九九三）『オノマトピア―擬音・擬態語の楽園―』勁草書房。

角岡賢一（二〇〇七）『日本語オノマトペ語彙における形態的・音韻的体系性について』くろしお出版。

金山宣夫（一九八八）『比較生活文化事典二』大修館書店。

川原繁人（二〇一七）『「あ」は「い」より大きい!?―音象徴で学ぶ音声学入門―』ひつじ書房。

夏历・王爽（二〇一七）「网络语境下笑声拟声词新动向研究」『语言文字应用』三、九一～九九ページ。

金水敏（二〇〇三）『ヴァーチャル日本語役割語の謎』岩波書店。

金水敏（二〇一一）「役割語と日本語教育」『日本語教育』一五〇、三四～四一ページ。

黄慧（二〇一二）「中国語におけるオノマトペの述語用法―二音節のオノマトペに焦点を当てて―」『思言―東京外国語大学記述言語学論集―』八、四一～六四ページ。

熊野七絵（二〇一〇）「日本語学習者とアニメ・マンガ―聞き取り調査結果から見える現状とニーズ―」『広島大学留学生センター紀要』二〇、八九～一〇三ページ。

定延利之（二〇一一）『日本語社会 のぞきキャラくり―顔つき・カラダつき・ことばつき―』三省堂。

定延利之（二〇二〇）『コミュニケーションと言語におけるキャラ』三省堂。

志水彰（二〇〇〇）『笑い―その異常と正常―』勁草書房。

清水義範（二〇〇三）『日本語必笑講座』、講談社。

住田哲郎（二〇一八）「漫画の笑い声表記に見る役割語」『京都精華大学紀要』五二、一三五～一五七ページ。

丹野真智（二〇〇五）『オノマトペ（擬音語・擬態語）を考える―日本語音韻の心理学的研究―』あいり出版。

田守育啓（二〇〇二）『オノマトペ擬音・擬態語をたのしむ（もっと知りたい！日本語）』岩波書店。

田守育啓（二〇一〇）『賢治オノマトペの謎を解く』大修館書店。

飯田清志（一九九九）「日本語の書き言葉における口語性の研究（その一）―表記構造の固有性と擬音・擬態表記の頻出について―」『比較文化研究』四三、六七～七五ページ。

飯田清志（一九九九）「日本語の書き言葉における口語性の研究（その二）―笑い声表記の成立と発展（古代～近世）―」『比較文化研究』四五、九～一六ページ。

飯田清志（一九九九）「日本語の書き言葉における口語性の研究（その三）―笑い声表記の継続と転化（近代～現代）―」『比較文化研究』四六、一三～二三ページ。

馮蘊澤（二〇一三）「中国語音声の記述と音韻論的分析」（関西大学博士論文）。

村澤博人（一九八九）『（ポーラ文化研究所）正面顔文化と横顔文化衣のソフトテクノロジー（シリーズ一八）』ポーラ文化研究所。

山口治彦（二〇〇七）「役割語の個別性と普遍性―日英の対照を通して―」金水敏編『役割語研究の地平』くろしお出版、九～二五ページ。

山口仲美（二〇一九）『オノマトペの歴史―その種々相と史的推移・「おべんちゃら」などの語史―』風間

書房。

李大年（二〇一四）「日中韓三言語における笑う様子を表す擬態語の比較対照研究―表情と笑い方を中心に―」『熊本学園大学文学・言語学論集』二一（一）、四一～六四ページ。

（夏逸慧）

第9章　中国語の時制句の標識付けについて

1　ラベルを貼り付ける―言葉が解釈を受ける条件―

生成文法理論および極小主義が近年では新しい発展を遂げている。従来の極小主義において、併合操作（Merge）は適切な動機付けがない限り行われないとされているが（Chomsky 1995を参照）、Chomsky（2013, 2015）以降のProblems of Projection（以下はPOP（E）と略す）のアプローチのもと、併合が自由に適用すると再解釈された。さらに、最小句条件に相反し併合操作はもはや標識付機能（labeling）を帯びないとも提案された。つまり、併合は単なる集合形成（set-formation）の役割を担うと考えられる。

①　Merge（α, β）＝{α, β}

①が示しているのは、二つの統語要素（syntactic object, SO）が併合し、新たなSOを作った。この新しいSOに関しては、包含されているαとβの間順序がなく、相互にc-統御する。

②

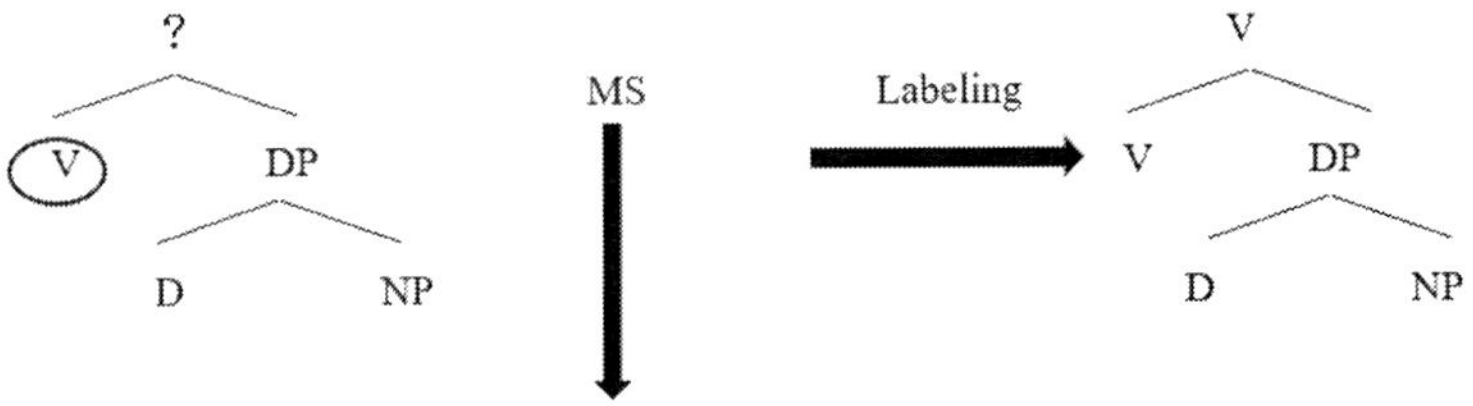

ただし、Chomsky によりある統語要素は概念—意図（conceptual-intentional）のインタフェースで適切に解釈されるために、必ず標識を付けなければならない。この標識をつける手段は標識演算法（labeling algorithm, LA）と呼ばれている。全体的に、LA は最小探査（minimal search, MS）のもとである LA の最も浅く埋め込まれた主要部を探査し、その主要部をこの SO の標識にする（MS のモチベーションについて、Larson 2015 を参照）。その類の標識付けは②を参照されたい。

②にある SO に対して、下向きの MS が真っ先に探査できる主要部が V であるため、この SO の標識が V になる。また、MS による最も浅く埋め込まれた主要部を探知できない場合もある：

③ a の構造に当てはまる実例は内的主語仮説に見られる vP や外項が T の指定部に繰り上げられる TP などが考えられる。MS は③ a の場合において、同時に Y と Z を探知し、LA による標識付けが不可能になる。そこで、完全解釈条件（Full Interpretation, Chomsky 1986: 98）に違反することを回避するために、以下の二通りの解決案が考えられる。

まず、二つの最大投射のいずれかを移動させることによって、独特な標

③

③a

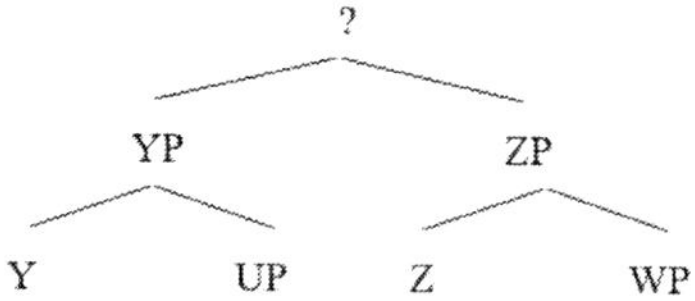

③b

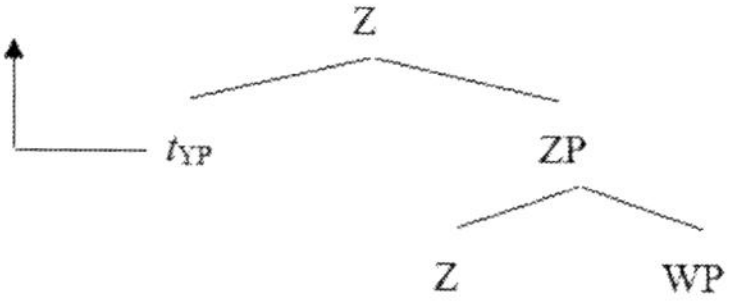

④

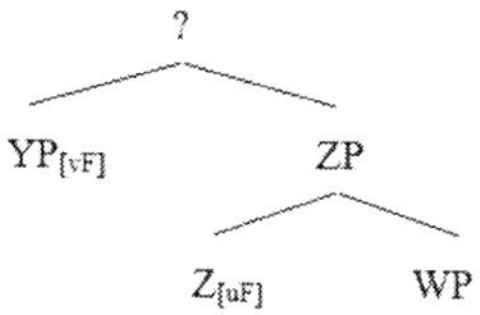

⑤

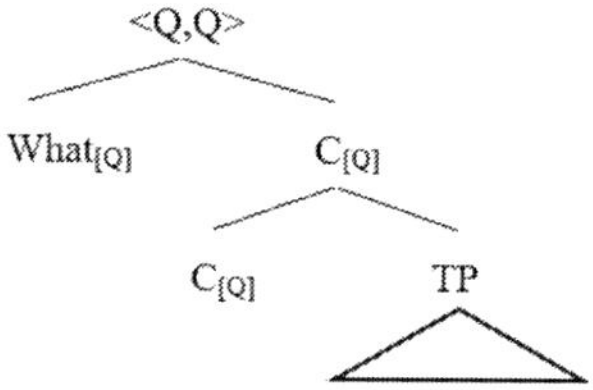

識を作ることができる（標識を確定する際に遵守しなければならない Unique Principle のこと、Epstein, Kitahara and Seely 2020 を参照）。例えば、③の YP をさらに高い節点へ移動させてから、MS は ZP の主要部の Z を探知し、Z をこの SO の標識とする：③b。

続いて、④のような構造において、とある YP と ZP が共有する素性が YP をその原位置に凍えさせる（freeze）、YP と ZP が形成した新 SO の標識付けはその素性によりこなせることができる（Rizzi 2016 が提案した Criterial position を参照されたい）。一例として、wh- 語移動が起きた CP 構造を⑤で示す。そこには、wh 句と C 主要部の共有素性が MS により見つかり、その SO の標識として定着される。

⑤では、CP は MS によりその主要部で標識付けされたため、C が TP に merge することにより形成された新たな SO は $C_{[Q]}$ と標識つけられる。Wh 句が本質的に [Question] 素性を帯び、この素性も wh 句と CP の共有素性で

⑥

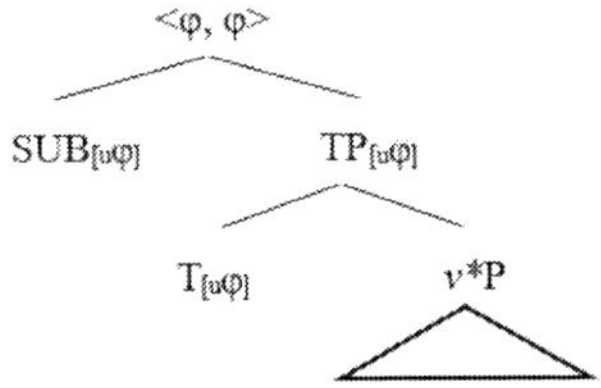

ある。したがって、wh 疑問文の標識が <Q,Q> により表せる。同じ経緯のもと、英語のような言語の TP も外項と T 主要部の共有素性 φ で標識付けられる。

本章では、上述した POP（E）の枠組みで中国語の TP の標識付けに関する討論を広げていく。残り部分は下記のように展開していく。第二節では、Yang & Lin（2020）のアプローチを議論する。第三節では、定形・不定節 TP の標識付けを同時に対応できる手段を紹介する。第四節は、全文のまとめとなる。

2 [Specificity]によるTPの標識付け

英語のような一致素性の豊富な言語と違って、中国語の外項と T 主要部のいずれにも φ 素性が存在せず、<φ, φ>標識を背負う中国語の SO も構築されなかろう。そこで、中国語の TP の標識付けに関して、Yang & Lin（2020）は前述した共有素性による標識付けが可能だと提案した。それは、Lin（2013）において論じられた中国語で観察される時制の特定性（the specificity of the tense）に起因する論点である。要するに、作用域の曖昧性は不定節には観察されるが、定形節にはそう言った曖昧性が起きない。

⑦a　定形節における数量詞間の作用域

某一支　军队　占领了　每一座　城池。
とある-数量　軍隊　占拠-完了　全て-数量　城
「とある軍隊はすべての城を占拠した。」（$^{*}\forall > \exists$, $\exists > \forall$）

⑦b　不定節における数量詞間の作用域

将军　要求　某一支　军队　占领　每一座　城池
将軍　要求する　とある-数量　軍隊　占拠する　すべて-数量　城
「とある軍隊はすべての城を占拠せねばならないと将軍は要求した。」（$\forall > \exists$, $\exists > \forall$）

⑦aと⑦bの対比で分かることは、定形節の⑦aでは存在数量詞（existential quantifier）は非対称的に普遍数量詞（universal quantifier）より広い作用域を持つことが判明した。いわば⑦aでは「すべての城を占拠した」のはただ「一隊の軍」でありながら、⑦bでは⑦aの解釈の他にも「任意の一隊の軍はすべての城を占拠しなくてはならない」という解釈が可能である。

その主張を支持するために、Yang & Lin（2020）はさらに中国語の定形時制文には特定した時間間隔（specific time interval）を表し、特定性の島（specificity island）の効果を引き起こすと論じた。また、数量詞は論理形式（Logical Form, LF）でTPへ数量詞繰り上げ（Quantifier Raising, QR）しないといけないことを念頭に（May 1985を参照）、定形時制文において特定性の島がQRを妨げるため、目的語がTPの外部への繰り上げが不可能となり、⑦aの∀＞ш解釈もそれによってライセンスされない。

T主要部の次に、Yang & Lin（2020）は中国語の主語の[Specificity]素性について述べた。まず、Li and Thompson（1981）により、中国語動詞の前に現れた要素が特定されなくてはならない：

⑧a　人　来了。
　　人　来る - 完了
　　「あの人が来てた。」

⑧b　来　人　了。
　　来る　人　完了
　　「誰かが来てた。」

ここで明らかになったのは、動詞の左方にある（すなわち、[SPEC, TP]に位置する）名詞的要素が特定的でないといけない。換言すれば、⑧aの主語も[Specificity]素性を有する。

それで、定形時制文において中国語のTと外項はいずれも[Specificity]素性を帯びるため、MSによる最小探査が共有素性を同時に探知できる。英語の＜φ, φ＞標識付けに平行するアプローチで中国語のTPが標識付けされる。外項とT主要部の共有素性[Specificity]により、中

⑨

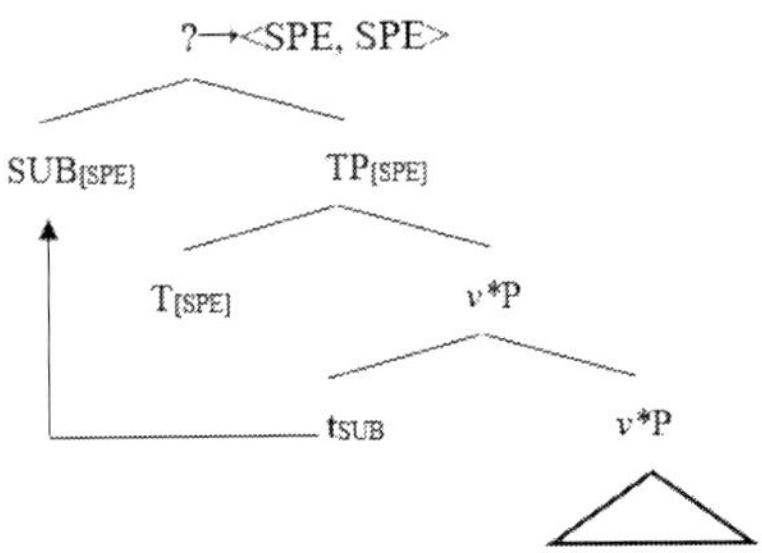

国語のTPの標識付けが<SPE, SPE>であることが示唆された。

しかし、Yang & Lin（2020）が唱えた定形時制文のTに纏わる特定性の島の説に対する反例が実在する。それは、外項が普遍数量詞で内項が存在数量詞である場合、文全体が定形文であることにもかかわらず、目的語数量詞がより広い作用域を取ることも可能である。

⑩　毎一支　　军队　都　　占领过　　　　某一座　　　城池。
　　すべて-数量　軍隊　全部　占拠する-経験　とある-数量　城
　　「全ての軍隊はとある城を占拠したことがある。」（∀ > ∃, ∃ > ∀）

⑩の例文において、二通りの解釈が可能：（ i ）「全ての軍隊は各自一つの城を占拠したことがある」、（ii）「とある城は、すべての軍隊に占拠されたことがある」。つまり、特定性の島は数量詞間の曖昧性を阻めないケースもある。したって、Specificity Condition を放棄しない限り、定型文のTが[Specificity]を持たないこともあり得る。

なおかつ、<SPE, SPE>アプローチが法助動詞のあるTPを対応できないことも判明した。特に、中国語では文末アスペクト助詞による法助動詞を修飾しながらも、外項が非特定的な要素であることも観察される。

ここで注意すべきなのは、文末の「了」は法助動詞「能」と結ばれて、「(この前はできなかったが)、

⑪ 文末アスペクト助詞による法助動詞の修飾

难民 能 进入 边境 了。
難民 できる 入る 辺境 完了
「難民は辺境に入ることができるようになった。」

⑫法助動詞句に数量詞間の作用域関係

某一个 非洲 儿童 能 吃饱 每一顿 饭 了。
とある-数量 アフリカ 児童 できる 食べる-満腹 全て-数量 飯 完了
「とあるアフリカの子供は毎食でもお腹一杯に食べれるようになった。」
(∀>∃, ∃>∀)

今現在はできるようになった」のような解釈を生み出す。法助動詞はよくTに繰り上げられると考えられている(Emonds 1978, Pollock 1989, Chomsky 1993などを参照)、それで「了」と結び付けられた法助動詞は定型的であると考えられる。ただし、⑫で示しているとおり数量詞間の曖昧性が生じる。かつ主語が特定されず、「任意のアフリカの児童に関して、どの食もお腹一杯たべられる」という解釈も可能になるため、MSが主語にTとの共通素性を探知することもなく、<SPE, SPE>の標識付けが成り立たない。

前述した不定節のTPの標識付けについても、Yang & Lin (2020)の観察と食い違った例文も挙げられる：

⑬ 猫 强迫 某一只 老鼠 丢下
每一块 奶酪。
猫 強要 とある-数量 ネズミ 捨てる
全て-数量 チーズ
「この猫はとあるネズミにすべてのチーズを捨てることを強要した。」(*∀>∃, ∃>∀)

例文⑬はいわゆる Control Structure であり、「強迫」の補部が不定節でなければならない（英語の‘someone forces someone to do something’文を参照）。⑬の従属節が不定節でありながらも、特定性の島が発動され、目的語が広い作用域を取ることを阻止した。つまり、「すべてのチーズを捨てたのはただ一匹のネズミ」のことである。

経験上の例外のほかに、Yang & Lin（2020）の分析は理論上も望ましくない箇所もある。それは、複数指定部構造（Multiple Specifier）に関わる標識付けに見られる MS の経済性である。日本語や中国語などに生起できる複数主語文を複数指定部構造により解釈が付けられると分析されてきた（Epstein, Kitahara and Seely 2020 を参照）：

⑭ ［文明国が男性が平均寿命が］短い。

⑮a 五个　苹果　两个　坏了。
五つ-数量　リンゴ　二つ-数量　傷む-完了
「五つのリンゴの中の二つが傷んでた。」

⑮b 五个　苹果　某一个　坏了。
五つ-数量　リンゴ　とある-数量　傷む-完了
「五つのリンゴの中のとある一つが傷んでた。」

Yang & Lin（2020）は [Specificity] 素性は ϕ 素性と違って、一対一の対応関係を要求しない。言い換えれば、[Specificity] 素性自身は指示的（referential）ではない。したがって、複数主語文は <SPE, SPE> による再帰的標識付けができる。⑮ａの例文も下記の標識付けになる：

⑯
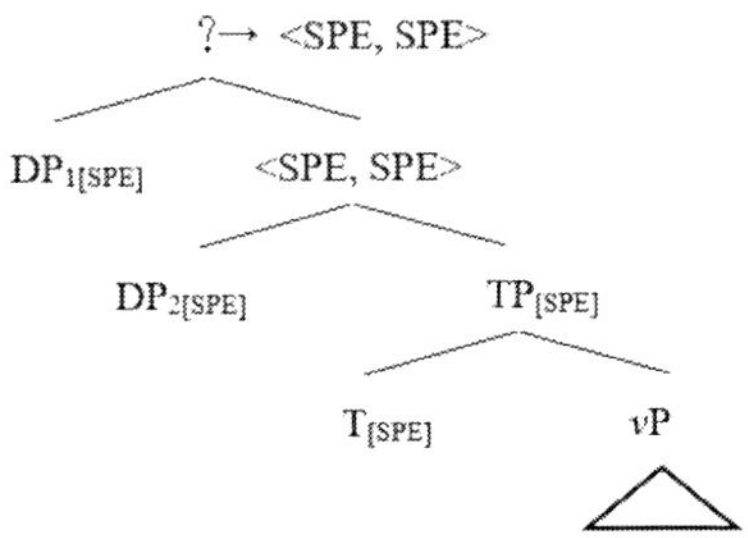

ただし、⑮ｂのような文における多重主語の中で特定主語と非特定主語が同時に現れることもできる。この場合は、TP を [SPE, SPE] と標識つけることが不可能となり、その理由は Epstein, Kitahara and Seely（2020）に論じられたように「TP 標識の唯一性を保てなくなる」ことからである。

Yang & Lin（2020）の分析は全体的に中国語の定形文 TP 標識付けを成功裏に描くことができるが、本節で示されたとおり解釈のできない例文や理論上の瑕疵も存在する。次の節では、もう一通りの標識付けアプローチを紹介する。それは Murphy and Shim（2020）の反 <F, F> 主張と照らし合わせ主要部のみを標識に取る方法である。

３　分裂T主要部とそのTPの標識付け

中国語は T のある言語だと論証した研究は Sybesma（2007）、Lin（2015）、Huang（2015）、Li（2016）などがある。それを支持する一番の証拠は、機能語のない中国語の文においても時間的情報を表すことができる。それを実現するために、独立した非顕在的 Tense の主要部がないとそのような時間解釈も成立しない。

⑰ 他　住在　阿姆斯特丹。
彼　住む-に　アムステルダム
「彼はアムステルダムに住んでいる。」

日本語訳の「でいる」に該当する機能語が⑰にはないものの、進行形・静的状態を表すことが可能である。形式-意味のインタフェースのマッピングには、不可視のTが必要である。

また、Pollock（1989）は英語の時制主要部をT（ense）とAgr（eement）に二分することを提案したが、本章では中国語の時制主要部も$T_{superior}$と$T_{inferior}$に分けることを主張する。その二分をサポートする有力な証拠は中国語の時制と関わる機能範疇は複数で生起できるのみならず、非隣接的な位置に分布することもある。

⑱ 時制機能語が複数の場合

⑱a 他　应该　会　说　日语　了。
彼　可能　できる　喋る　日本語　完了
「彼は多分日本語を喋れるようになったじゃない？」

⑱b 他　吃过　午饭　了。

彼　食べる‐経験　昼食　完了
「彼はもう昼ご飯を食べた（もうなにも食べなくてもいい）。」

⑱aの例文において、認識様態助動詞（epistemic auxiliary）と動的助動詞（dynamic auxiliary）が共起することができる。Tへの繰り上げが義務付けられているのなら、⑱aには二つのT主要部がないと構造の整合性を損なうことになる。Cinque and Rizzi（2008）の「図作成アプローチ」（the cartographic approach）では包括的な左方辺縁構造を提案したが、それは機能語の「高低順序」に関する討論であり、仮にEpistemicPとDynamicPを仮設していてもTと何らかの形で結びつかないとC-Iインタフェースで派生が破綻することも予想される。Tの欠片が二つ存在する仮説をより強く支持する現象は、⑱bが示したような通称アスペクトマーカーの機能語が二つもある文型である。しかも、二つの機能語のいずれも意味部門（semantic component）で役割を演じ、どれがなくても文の意味が変動する。よって、複数のアスペクトマーカー生起がただの音声部門（phonetic component）の操作ではない。例えば、動詞に付く「过」を消すと、文全体が「彼は昼ご飯を食べてた（これから他の何かをたべるかどうかが不明）。」文末の「了」を消すと、文全体が「彼は昼ご飯を食べたことがある。」の意味になる。したがって、中国語の時制文は下記のような構造を持つ：

Chomsky（2008）により、TPは単独に存在することができず、必ず局所的なCと連動しなければならない。それは、Tの素性はCの素性による派生素性であるからだと言われている。それに基づいて、Hu（2020）は中国語の助動詞文（特に認識様態助動詞のある文）は二つのCPによる埋め込み構

⑲
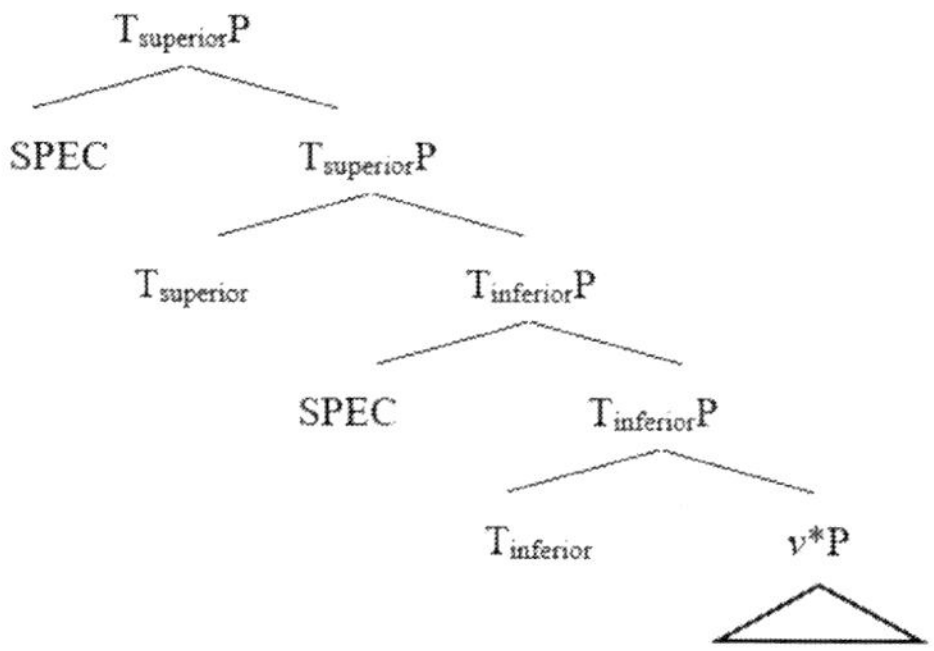

造と分析すべきだと主張した。ただし、POP（E）の素性継承（Feature Inheritance）においては、英語Tは主にCからφ素性を継承する一方、中国語にはφ素性が存在せず、TとCの間に素性の継承があるか否かは不明である。第二節で言及した[Specificity]素性も、元々は「時間的間隔」に起因する素性のためTの在来素性と認識するのが適切であろう。それに加えて、素性継承の理論的動機はRichards（2007）が提唱した「転移（transfer）と値の付与（valuation）が同時に起きないと、固有的に値が付与された素性（inherently valued feature）と派生により値が付与された素性（receive values from derivation）をC-Iインタフェースで見分けることができなくなる。両者を同時に実行させるため、ある位相主要部（phase head）に内包される素性をその転移領域にある主要部に継承させなければならない」ことであって、あるuF（値未付与素性）がもし次の位相で転移されたら、インタフェースで解釈を受けることができなくなる。

しかし、Chomsky（2013, 2015）以来の理論的枠組みでは、v*の位相性をR（oot）が継承し、第一次転移の標的領域も縮小した。結果として、素性の継承と転移が違うタイミングで発生する。Hayashi（2020）も素性の継承を選択的操作と位置付けた、Cが持つ固有素性をTが継承しないこともあると示唆された。要するに、本章は中国語のTPの標識付けに関しては、Cを討論にいれないこととする

（Cを導入してはいけないというわけでもない）。

TPの標識付けに関しては、MSによる主要部標識が成し遂げることができると本節が主張するにもかかわらず、POP（E）の標準定義では英語のT自身が弱いため、ある手段による「強化」がないと単独に標識にはなれないともされている。第一節で述べられた〈φ, φ〉標識も外項がTの指定部に移動し、Tを強化した結果である。だが、イタリア語のような形式上φ素性が豊富な言語はTが強く、独自で標識になれると定義されている。Goto（2017）やHayashi（2020）などが指摘したとおり、ある範疇的主要部に強弱のパラメータを設けること自体が規定的（stipulative）であって、極小主義の指針下では破棄すべきだと論じられた。

理論上の瑕疵の他にも、その強弱パラメータが適用できない言語もある。例えば、日本語や中国語のようなpro-dropを許す言語は、主語の省略はTが強いことと繋がっているが、それらの言語にφ素性が存在しない。

本章は、Goto（2017）の「Tは普遍的に弱い」の主張を踏襲し、Alexiadou & Anagnostopoulou（1998）が提案したV-to-T移動によるEPP（Extended Projection Principle）素性の照合を再解釈し、中国語のTは動詞の繰り上げによって強化されることを検証する。次は、分裂T仮説を元に、主語のある文と主語のない文におけるTの強化を論じる：

⑳ 主語顕在文のV-to-T移動

叶子 落 了。

葉っぱ　落ちる　完了
「葉っぱが落ちた。」

Toyoshima（2001）の「すべての移動の目的地が指定部になる」仮説を取り入れ、動詞「落」が[SPEC, TP] に繰り上げされる。二つのTのEPP素性がSPEC-HEADの形で照合され、Tもそれに応じて標識付ける資格を持つようになる。時制機能語である「了」に関しては、二通りの分析がある：（ⅰ）独立した語彙項目（lexical entry）としてレキシコンから抽出され、最初の段階で数え上げ（numeration）に入る。また、のちの派生においてTの主要部として併合される（Huang 1982も参照）。（ⅱ）文法化による純粋な接尾辞と見なし、形態部門で具現化される。いずれにせよ、$T_{superior}$の指定部は主語に占められ、$T_{inferior}$の指定部に動詞が繰り上げられる。照合されないEPP素性はこの構造には存在しない。その分析に沿って、二つのTが強化されてそれぞれが標識になれることが分かる。問題は、主語のない文では$T_{superior}$が強化

⑳　主語顕在文のV-to-T移動

叶子　落　了。
葉っぱ　落ちる　完了
「葉っぱが落ちた。」

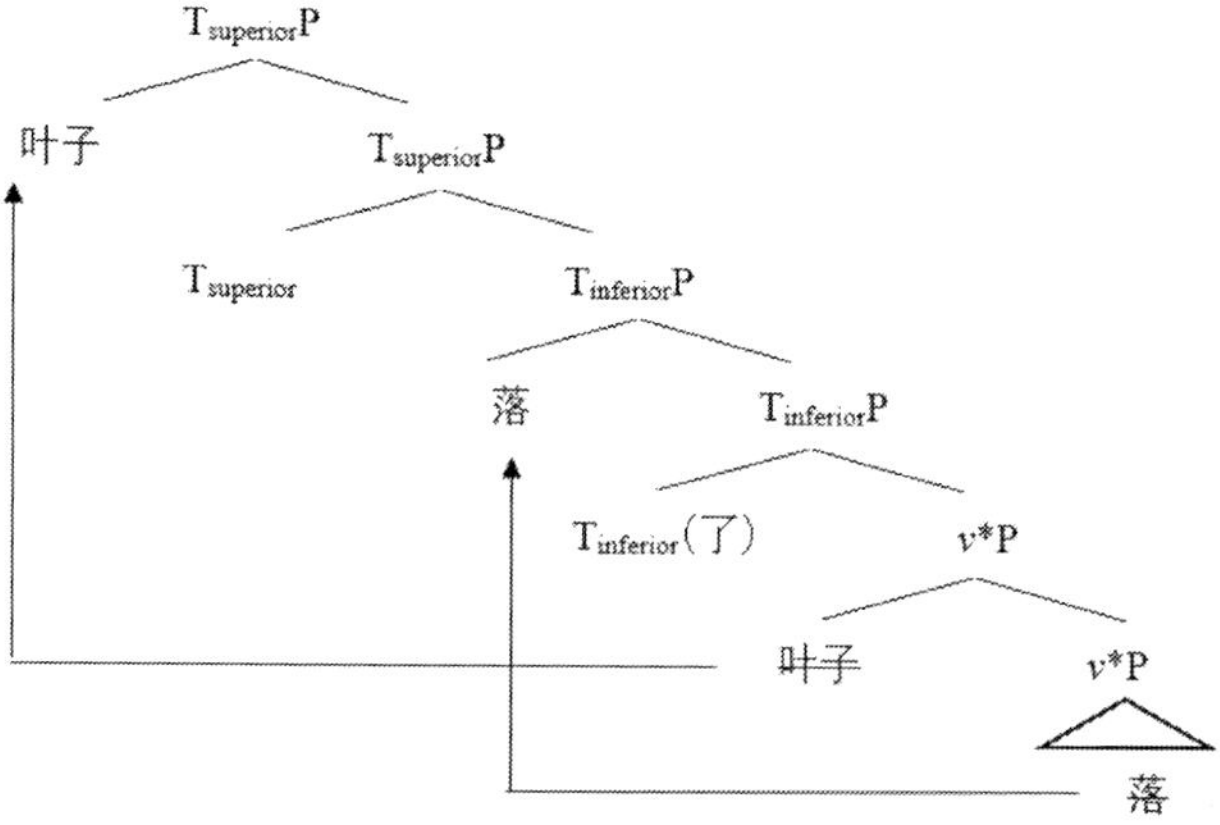

されるのかである。

㉑　主語非顕在文のTの強化

吃了　再　走　吧。
食べる-完了　後　歩く　文末語
「食べてから帰りましょう。」

㉑のような pro-drop 文に対して、分裂T構造を適用させると上のTを強化させる要素がないようにも見える。pro・PRO のような theoretical primitives を導入したらまた極小主義や第三要素の法則（the third-factor principle）の立場では望ましくないことになる。つまり、意味役割の定理は普遍文法と見なすべきである。

本章では、主語非顕在文は動詞の連続循環移動（successive-cyclic movement）により $T_{superior}$ が強化されることを提案する：

㉒が示しているとおり、動詞「吃」は基底位置からまず [SPEC, $T_{inferior}$P] へ移動し POP（E）のデザインにおいて、内的集合併合（internal set-merge, I-SM）と位置付けられる、そこで $T_{inferior}$ と局所的な関係に当たり素性の値付与などが行われる。その後、$T_{superior}$ の EPP 素性を照合するべく再び V-to-T 移動が起きて [SPEC, $T_{inferior}$P] にある「吃」が [SPEC, $T_{superior}$P] へ I-SM し、派生の破綻を防ぐ。なお、こ

㉒

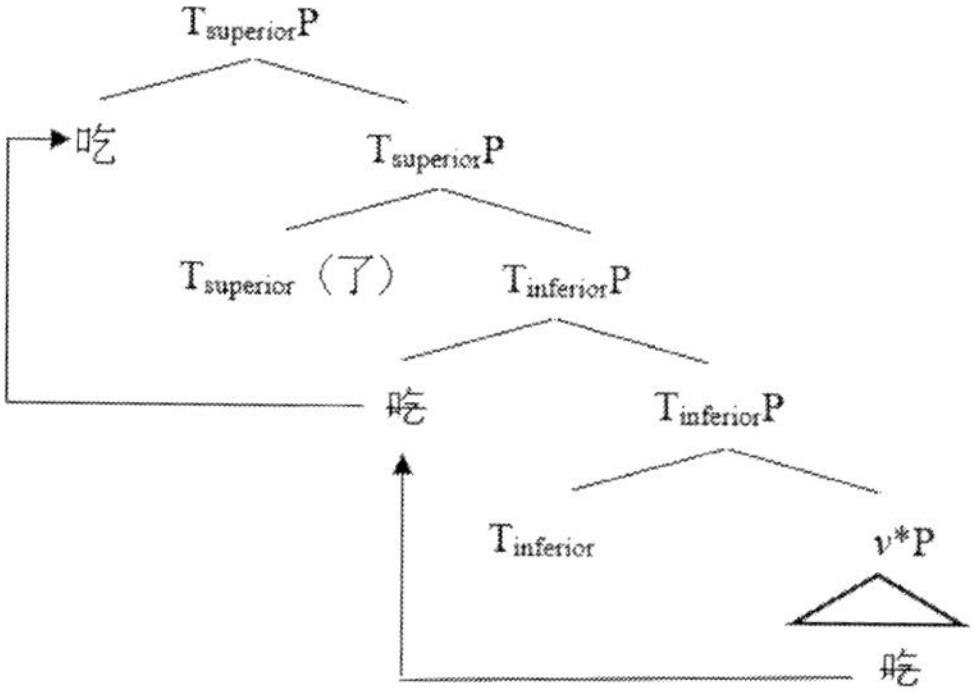

の構造では「了」の音声的具現となるのは $T_{superior}$ である。この分析は、動機上 Chomsky（1995）の Last Resort と共通する所がある。それは、移動はある解釈不可能素性を消去させるために行われる操作である。

　前述のTに関する討論に基づいて、中国語のTPの標識付けはMSによる主要部標識ができることが可能である。⑳のような時制文は下記のような派生になる：

㉓中国語の一般的他動詞時制文の派生：

㉓a　[$_{\beta}$ R [$_{\alpha}$ IA…]]

㉓b　[$_{\gamma}$ IA [$_{\beta}$ R [$_{\alpha}$ ~~IA~~…]]]

㉓c　[$_{\delta}$ v* [$_{\gamma}$ IA [$_{\beta}$ ~~R~~ [$_{\alpha}$ ~~IA~~…]]]]

Labeling: γ = IA; β = R

㉓d　[$_{\delta}$ <R, v*> [$_{\gamma}$ IA [$_{\beta}$ ~~R~~ [$_{\alpha}$ ~~IA~~…]]]]

㉓e　[$_{\varepsilon}$ EA [$_{\delta}$ <R, v*> [$_{\gamma}$ IA [$_{\beta}$ ~~R~~ [$_{\alpha}$ ~~IA~~…]]]]]

㉓f　[$_{\zeta}$ $T_{inferior[uEPP]}$ [$_{\varepsilon}$ EA [$_{\delta}$ <R, v*> [$_{\gamma}$ IA [$_{\beta}$ ~~R~~ [$_{\alpha}$ ~~IA~~…]]]]]]

㉓g　[$_{\eta}$ <R, v*> [$_{\zeta}$ $T_{inferior[uEPP]}$ [$_{\varepsilon}$ EA [$_{\delta}$ ~~<R, v*>~~ [$_{\gamma}$ IA [$_{\beta}$ ~~R~~ [$_{\alpha}$ ~~IA~~…]]]]]]]

㉓h　[$_{\eta}$ $T_{superior[uEPP]}$ [$_{\eta}$ <R, v*>[$_{\zeta}$ $T_{inferior[uEPP]}$ [$_{\varepsilon}$ EA [$_{\delta}$ ~~<R, v*>~~ [$_{\gamma}$ IA [$_{\beta}$ ~~R~~ [$_{\alpha}$ ~~IA~~…]]]]]]]]

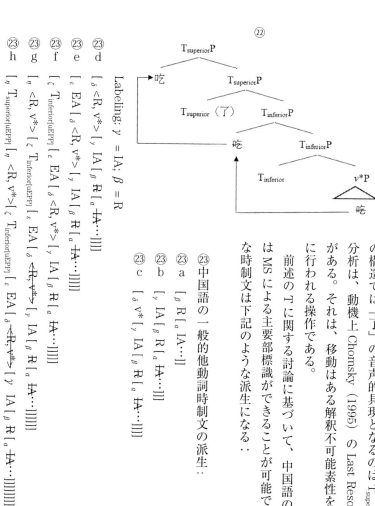

㉓ i　$[_{\iota}$ EA $[_{\theta}$ $T_{superior[uEPP]}$ $[_{\eta}$ <R, v*> $[_{\zeta}$ $T_{inferior[uEPP]}$ $[_{\varepsilon}$ ~~EA~~ $[_{\delta}$ ~~<R, v*>~~ $[_{\gamma}$ IA $[_{\beta}$ ~~R~~ $[_{\alpha}$ ~~IA~~…]]]]]]]]]
　　Labeling: $\delta = \eta$ = <R, v*>; ε = EA; $\zeta = T_{inferior}$; $\theta = T_{superior}$; ι = EA

㉓で描かれた派生には、いくつかの点で伝統のPOP（E）と違うアプローチを示す：（i）Cの導入を選択的にすることによって、C-T間の素性継承も選択的になる（疑問文にはQ素性の継承を認める）。Chomsky（2008, 2015: 5）ではC-T間の素性継承はA/A'を区別するのみならず、位相／非位相の両分にも役立つ。それは、値未付与素性は位相主要部を釘付けする指標である。本章の主張では、一般的他動詞文において値未付与のEPP素性を持つT自身が位相主要部である。それに加えて、一つの主要部の二つの欠片として、上下の二つのTが揃わないと位相性が活性化しない。つまり、$T_{superior}$が外的併合されるまで新しい位相が成立しない。（ii）外項EAは$T_{superior}$の転送領域（Transfer Domain）にあるが、$T_{superior}$の持つ値未付与のEPP素性に値を付与するため、転送がEAの内的併合する後行われることを考えられる。POP（E）のフレームワークでも、転送操作は最後の操作とされていて、標識付けや素性継承が完成した時点でC-Iインタフェースに派生を転送する。また、アスペクトマーカーなどを機能接尾辞と見なすのなら、<R, v*>が$T_{inferior}$へ内的対併合（Internal pair-Merge, I-PM）する必要もない。Affix-hoppingによって正しい表現に具現化される。

T自身が位相主要部になることは不可能ではない。例えば、英語のthat-effect文の場合、従属節のthatを消さない限り文法性が保たれない。

㉔ a *Which soldier is the one that ~~which soldier~~ killed the King?

㉔ b Which soldier is the one ~~which soldier~~ killed the King?

㉔ a では、that が C であるため一つの位相主要部にもなるため、which soldier の主節 C への移動を阻む（位相不可侵条件：Phase Impenetrability Condition Chomsky 2008 を参照）。㉔ b が文法的であるのは、that が削除されたため位相性は T が受け継ぎ、which soldier が次の段階においても利用可能なので、文法性が維持できる。

㉓の派生が正しければ、不定節の標識付けも同様の方向性で行える：中国語の不定節と定形節は包括的に $T_{superior}P$ と標識付けられる。

まとめ

本章は中国語の時制句（TP）の標識付け問題について論じた。Yang & Lin（2020）の <SPE, SPE> 標識付けはそれなりの妥当性を持つが、理論上・経験上改善の余地がある。第三節において、共通素性による標識付けのほかに T による主要部標識付けを提案し、特に T の強弱パラメータという仮設を破棄して分裂 T のフレームワークで TP の標識付け方を提案した。Murphy and Shim（2020）の反 <F, F> 式標識付けのアプローチの視点でも、<SPE, SPE> の標識付けより T 主要部による主要部標識付けがより経済的である。それは、「探知」以外に「比較」という手順が要らないからである。

【参照文献】

Alexiadou, A. & E. Anagnostopoulou. 1998. Parametrizing AGR: Word order, V-movement, and EPP-checking. *Natural Language and Linguistic Theory* 16:491–539.

Chomsky, Noam. 1986. *Knowledge of Language: Its Nature, Origin ,and Use*. Praeger.

Chomsky, Noam. 1993. A Minimalist Program for Linguistic Theory. *MIT occasional papers in linguistics*, 1–67.

Chomsky, Noam. 1995. The minimalist program, MIT Press, Cambridge, Mass.

Chomsky, Noam. 2000. Minimalist inquiries: The framework. In *Step by step: Essays on minimalist syntax in honor of Howard Lasnik*, ed. by Roger Martin, David Michaels, and Juan Uriagereka, 89–155. Cambridge, Mass.: MIT Press.

Chomsky, Noam. 2008.. On phases. In Robert Freidin, Carlos P. Otero, and Maria Luisa Zubizarreta (eds.), *Foundational issues in linguistic theory: Essays in honor of Jean-Roger Vergnaud*, 133–166. Cambridge, MA: MIT Press.

Chomsky, Noam. 2013. Problems of projection. *Lingua* 130: 33–49.

Chomsky, Noam. 2015. Problems of projection: extensions. In Elisa Di Domenico, Cornelia Hamann, and Simona Matteini (eds.), *Structures, strategies and beyond: Studies in honour of Adriana Belletti*, 1–16. Amsterdam: John Benjamins.

Emonds, Joseph. 1978. The Verbal Complex V'-V in French. *Linguistic Inquiry* 9, 151–175.

Epstein, Samuel. Kitahara, Hisatsugu. Seely, T. Daniel. 2020. Unifying Labeling under Minimal Search in "Single-" and "Multiple-Specifier" Configurations. *Coyote Papers: Working Papers in Linguistics, Linguistic Theory at the University of Arizona* 22.

Goto, Nobu. 2017. Eliminating strong/weak parameter on T. *Proceedings of GLOW in Asia XI*, Volume 2. MIT Working Papers in Linguistics 85: 57–71.

Hayashi, Norimasa. 2020. Labeling without Weak Heads. *Syntax*, 23: 275–294.

Hu, Bo. 2020. On the Raising and Control of Modal Auxiliary Verbs. *International Journal of Linguistics* 12 (4): 252–279.

Huang, C.-T. James. 1982. Logical relations in Chinese and the theory of grammar, Ph.D. thesis, Massachusetts Institute of Technology, Cambridge.

Huang, Z. Nick. 2015. On syntactic tense in Mandarin Chinese. *NACCL 27 Proceedings*.

May, Robert. 1985. *Logical form*, MIT Press, Cambridge, Mass.

Murphy, Elliot. and Shim, Jae-Young. 2020. Copy invisibility and (non-) categorial labeling. *Linguistic Research* 37(2), 187–215.

Larson, Bradley. 2015. Minimal search as a restriction on merge. *Lingua* 156: 57–69.

Li, C. N. and S. A. Thompson. 1981. *Mandarin Chinese*. University of California Press, Berkeley and Los Angeles.

Li, Nan. 2016. *T(ense) in Mandarin Chinese: Form and Meaning*. Doctorial dissertation. Cornell University.

Lin, T.-H. J. 2013. QR and finiteness. In Y. Miyamoto, D. Takahashi, H. Maki, M. Ochi, K. Sugisaki, and A. Uchibori, eds. *Deep insights, broad perspectives: Essays in honor of Mamoru Saito*, 275–291, Kaitakusha, Tokyo.

Lin, T.-H. Jonah. 2015. Tense in Mandarin Chinese Sentences. *Syntax*, 18: 320–342.

Pollock, Jean-Yves. 1989. Verb movement, universal grammar, and the structure of IP. *Linguistic Inquiry* 20,

365–424.

Richards, Marc. 2007. On feature inheritance: An argument from the Phase Impenetrability Condition. *Linguistic Inquiry* 38:563–572.

Rizzi, Luigi. 2016. Labeling, maximality and the head-phrase distinction. *The Linguistic Review* 33(1): 103–127.

Sybesma, Rint. 2007. Whether we tense-agree overtly or not. *Linguistic Inquiry* 38: 580– 587.

Toyoshima, Takashi. 2001. Head-to-Spec movement. In *The minimalist parameter: Selected papers from the Open Linguistics Forum, Ottawa, 12–23 March 1997*, ed. by Galina M. Alexandrova and Olga Arnaudova, 115–136. Amsterdam: John Benjamins.

Yang, Tsai-Heng Tiffany and Lin, T.-H. Jonah. 2020. Specificity and the licensing of subjects in mandarin sentences. *Nanzan Linguistics*15: 6.

（謝韜）

【著者紹介】

孟　慶枢（meng qingshu）第1章担当
東北師範大学文学院教授

劉　研（liu yan）第2章担当
東北師範大学文学院教授

邢　霊君（xing lingjun）第3章担当
西北大学外国語学院講師

于　長敏（yu changmin）第4章担当
吉林外国語大学日本語学部教授

時　堅（shi jian）第5章担当
中山大学歴史学系（珠海）特任准研究員

叶　林（ye lin）第6章担当
杭州師範大学経亨頤教育学院教授

張　立波（zhang libo）第7章担当・編著者
山梨学院大学グローバルラーニングセンター特任准教授

夏　逸慧（xia yihui）第8章担当
広州工商学院外国語学院講師

謝　韜（xie tao）第9章担当
東北大学文学研究科博士課程後期在学中

日中の文化交流と共生

■発　行——2023年4月15日初版第1刷

■編著者——張立波

■発行者——中山元春

■発行所——株式会社芦書房

〒101－0048東京都千代田区神田司町2－5
電話03－3293－0556　FAX03－3293－0557
http://www.ashi.co.jp

■印　刷——モリモト印刷

■製　本——モリモト印刷

ISBN978-4-7556-1328-9 C0090